青少年社会情商课

青少年行走“社会”必备的8种能力

叶如风 著

中国妇女出版社

图书在版编目（CIP）数据

青少年社会情商课 / 叶如风著. -- 北京 ：中国妇女出版社，2022.10
ISBN 978-7-5127-2100-5

Ⅰ.①青… Ⅱ.①叶… Ⅲ.①情商－儿童教育－家庭教育 Ⅳ.①G782

中国版本图书馆CIP数据核字（2022）第007987号

责任编辑：王海峰
责任印制：李志国

出版发行：中国妇女出版社
地　　址：北京市东城区史家胡同甲24号　　邮政编码：100010
电　　话：（010）65133160（发行部）　　65133161（邮购）
网　　址：www.womenbooks.cn
邮　　箱：zgfncbs@womenbooks.cn
法律顾问：北京市道可特律师事务所
经　　销：各地新华书店
印　　刷：三河市祥达印刷包装有限公司

开　　本：150mm×215mm　1/16
印　　张：15
字　　数：115千字
版　　次：2022年10月第1版　　2022年10月第1次印刷
定　　价：49.80元

如有印装错误，请与发行部联系

— 自 序 —

PREFACE

青少年朋友，大家好！我是叶如风，曾是上海新民晚报社的社会新闻记者、特稿新闻记者，担任过报社小记者学校校长，培养了1000多名优秀的小记者。除此之外，我还有一个重要身份——妈妈！我的儿子转眼已经17岁啦！

在过去20年的职业生涯中，我接触了大量家长和孩子，和他们中的很多人成了好朋友。在这个过程中，我记录了一些家庭的故事，潜心探索“儿童和青少年社会化发展”这个课题，并取得了一些成果。我致力于用融合社会学、心理学、新闻学等专业知识的方法，帮助家长培养孩子的社会情商。

2020 年 10 月，我出版了畅销书《培养孩子的社会情商》。这本书受到了家长和老师的欢迎。在书里，我从 15 个角度探讨了如何培养孩子和真实社会打交道的能力，并分享了 47 个行之有效的社会情商教养工具。

此后，全国各地的很多父母给我建议："这本书里的工具都很实用，其中的案例也很有参考价值。您能不能再写几本给小学生或中学生看的书，让他们在阅读中提升自己的社会情商？"

这和我想的一样，孩子自己读、自己学，效果可能更好！

于是，我随后又出版了《培养孩子的社会情商（6～12 岁小学生版）》。而现在，这本面向年龄更大一点的青少年朋友的《青少年社会情商课》也和大家见面了。

在本书中，我根据青少年朋友的日常学习和生活，设置了 8 个场景，希望通过这些真实的场景帮助大家提升社会情商和社会能力。

这8个场景分别是个人发展遭遇迷茫时（锻炼对抗挫折的能力）、人际交往遭遇困扰时（锻炼人际冲突的处理能力）、面对纷繁复杂的网络世界时（提高网络应用及辨识力）、面临校园欺凌时（锻炼应对欺凌的能力）、身陷可能被侵犯的风险之中时（建立边界意识，提升自我保护能力）、生命安全遭遇危机时（提高生命安全意识，学习生存技能）、面对金钱诱惑时（树立正确的金钱观和消费观）以及面对社会责任考验时（提升社会担当意识）。

在这8个场景中，我试着通过一些小故事，来解读作为青少年的你在面临这些场景时应该怎么办。这些故事特别真实，特别接地气。它们大多来自你的同龄人，基本都是我根据真实新闻事件或亲历事件改编而成。其中，有些故事更是来自热点新闻事件。只是，我在写作过程中结合青少年的阅读习惯和阅读兴趣，进行了故事化的呈现。

在每个故事末尾，我还撰写了评论——青少年社会情商课，旨在为大家提供实用的社会情商提升方法。

100多年前，个体心理学创始人阿德勒说过，个体生存不可逃避的三个基本课题是人与他人的关系、人与职业的关系以及人与异性的关系。100多年后的今天，阿德勒所说的这三个课题仍然是我们的必修课，具有深刻的现实意义。

社会生活十分复杂，机遇和挑战并存。各位同学，如果你将来想游刃有余地行走社会，处理好你和他人的关系、你和职业的关系、你和异性的关系，最终实现自己的价值，就从现在开始，逐步提升自己的社会情商吧！

我相信，你一定会从阅读本书中受益。你也可以把这本书推荐给身边的同学、朋友，并和他们一起思考、讨论，从而更自信、更坦然地提升情商，拥抱社会！

在这里，我要特别感谢给予我大力支持的师长和朋友，尤其要感谢以下诸位：秦启庚、陈默、刘润、刘英丹、翟墨、倪珺、姚爱芳、赵红、王静、于裴、季斌、顾宏伟、黄玉峰、王从连、姚伟国、张连芳、徐国梁、赵锋、陈乐、高广路、金晓萍、钱佳、蒲虹羽、干玉兰、顾龙、郭爽、山美娟、李剑、李庆、顾琴、孔同、李星言等。

我还要特别感谢几位中学生朋友。他们是倪好、赵诗嘉、王阳鸣、陈梓溢、黄仁杰、刘晓涵、邵璟媛等。他们在我写作本书的过程中，给了我很大的帮助。

最后，我要感谢我的父母，以及我的先生俞丽辉（米爸）和儿子俞奇铎（米奇）。在我夜以继日地写作时，他们给了我一如既往的支持。

最重要的是，我要感谢拿起这本书的你，这说明你已经准备向做一个更好的自己努力了！我愿意一路伴你同行，有任何感受、想法，或者需要帮助、安慰，你都可以通过以下方式和我联系。

个人微信号：leafish888（添加暗号：社会情商）

邮箱：ipb001@126.com（邮件主题：社会情商）

好了，一起开启我们的“社会情商提升之旅”吧！

叶如风

2022 年 6 月

目录

CONTENTS

PART 1

个人发展遭遇迷茫时

——锻炼对抗挫折的能力

PART 2

人际交往遭遇困扰时

——锻炼人际冲突的处理能力

PART 3

面对纷繁复杂的网络世界时

——提高网络应用及辨识力

PART 4

面临校园欺凌时

——锻炼应对欺凌的能力

PART 5

身陷可能被侵犯的风险之中时

——建立边界意识，提升自我保护能力

PART 6

生命安全遭遇危机时

——提高生命安全意识，学习生存技能

PART 7

面对金钱诱惑时

——树立正确的金钱观和消费观

PART 8

面对社会责任考验时

——提升社会担当意识

PART 1

个人发展遭遇迷茫时

——锻炼对抗挫折的能力

初中曾收到退稿信，她长大后竟成了畅销书作家

女孩小风从小生活在一个幸福的家庭，父亲是军官，母亲是老师。她活泼开朗，喜欢阅读，也爱和人打交道。

14 岁的时候，小风树立了两个职业理想：一个是当记者，一个是当老师。当记者可以歌颂美好、鞭挞丑恶，当老师可以传道授业、教书育人。

父母对小风的梦想很是支持，给她买了很多相关的书籍。有这些精神养料陪伴，小风读书更加刻苦，练习写作和口语表达也更加主动、积极。

为了提高自己的社交能力，她十分热衷和各种各样的人打交道，每天回到家后都会把所见所闻记在日记里。

有一年，栀子花开的时节，小风有感而发，写了一篇关于友谊的散文。她改了又改，直到自认为这篇文章找不到瑕疵之后，才投给了当地发行量最大的《XM 晚报》。

在接下来的每一天，小风都在兴奋、忐忑中期盼着。每天回到家，她都会打开信箱看看有没有报社的回信。若没有回信，她会心急火燎地打开《XM 晚报》的副刊。她多么希望自己的文字能出现在散发着油墨芬芳的报纸上啊！

就这样，一个多月过去了。终于有一天，一个来自 XM 晚报社的牛皮纸信封赫然出现在小风家的信箱里。她带着一丝紧张，揣着信封走进自己的房间，并锁上了门。“里面会是什么呢？”小风深吸了一口气，然后小心翼翼地打开信封。

没想到，小风收到的是 XM 晚报社编辑部的退稿信！

编辑在信中委婉地写道：“你虽是一名中学生，但你的文笔很不错。遗憾的是，这篇文章的切入角度还不够新颖。谢谢你的投稿，期待以后还能收到你的作品。”

小风读完退稿信，十分沮丧。

“我该偃旗息鼓，还是继续努力？”那个夜晚，小风

躺在床上不停地问自己，“我如果真的很想当记者或者老师，那就不能因为一次挫折而放弃。”迷迷糊糊中，她的脑海里轮番闪现自己长大后的样子：一会儿在风风火火地采访，一会儿在滔滔不绝地讲课。

小风决定坚守梦想，绝不放弃！

那以后，在繁重的功课之余，小风继续练习写作、学习采访。高三毕业时，她用过的练笔稿纸摞起来有一尺多高！

高考之后，小风如愿以偿，进了本市一所重点大学的新闻系学习。

临近大学毕业时，小风将应聘目标锁定在曾给她发过退稿信的 XM 晚报社。

XM 晚报社的招聘考试面向全国的大学生，可谓“万里挑一”。最终，小风以全市第 4 名的成绩，顺利考入这家报社。她的第一个理想终于实现了！

兢兢业业工作了十多年之后，小风成了一名资深社会新闻及特稿新闻记者，也成了一个男孩的母亲。慢慢地，她少年时的第二个梦想——做一名老师，像一颗种子一样想要破土而出。

机缘巧合，在报社领导的支持下，小风和同事们一起创立了 XM 晚报小记者学校，她还担任了校长。

当第一批经历过关斩将进入小记者学校的学生坐在教室里时，小风看着他们黑白分明、充满好奇的眼睛，心里油然而生一种幸福感，同时也深深感受到了一种使命感。

至此，小风少年时的两个梦想全都实现了。

作为记者，她在报社笔耕不辍，发表作品超百万字，获奖无数；作为老师，她先后帮助 1000 多名小记者学习新闻采访和写作的基本技能，让他们具备了听、说、采、写的综合能力。

2020 年，小风老师基于自己 20 年来作为记者、老师、社会文化研究者、母亲的观察和思考，创作了两本书——《培养孩子的社会情商》的家长版和 6 ~ 12 岁小学生版。这两本书一经出版便获赞无数，深受广大读者的喜爱。

时光荏苒，每当栀子花开的时节，小风老师总会想起那个 14 岁的自己，那个收到退稿信却没有打退堂鼓的倔强女孩。

尽早设定目标，遇到困难也不放弃

是的，你看出来啦？这个叫“小风”的姑娘，就是我——叶如风。

因为我有明确的目标，所以那封退稿信以及后来的很多挫折，都没有让我退缩。我反而很感激当年那封退稿信，虽然它当时让我品尝到了挫败的滋味，但它磨炼了我不服输的意志，同时让我知道了我的不足在哪里。

我后来知道，几乎每一个热爱写作的人，都在投稿这件事上吃过闭门羹。

世界知名女作家J.K.罗琳曾被10多家出版社退稿。这给了她不小的打击，她一度认为自己的作品没有任何价值。但她并没有放弃，仍旧笔耕不辍。几年之后，她终于成为享誉世界的作家。

不难想象，如果有人抱怨梦想和目标难以实现，那很可能是因为其意志不够坚定，或者没有为实现梦想和目标付出足够的努力。

关于人生目标和人生成就的关系，哈佛大学有个著名的研究。

1979年，哈佛大学商学院的学者针对一个班的学生做了一个关于人生目标的调查。

当时的调查结果如下：

84%的人根本没有设定人生目标（A类）；

13%的人有人生目标但没有具体计划（B类）；

3%的人既有人生目标又有具体计划（C类）。

10年后，跟踪这项调查的学者发现，B类学生的收入是A类学生的2倍，而C类学生的收入是其他两类学生平均收入的10倍。

可见，设立目标并且有具体的实施计划多么重要！

有道是：有人能赢得好射手美名，并非由于他的弓箭，而是由于他的目标。那么，青少年如何设立人生目标？我给出如下建议。

第一，了解自我，尽早规划人生目标

建立人生目标的基础是“了解自我”。我是谁？我是一条鱼，就苦练游泳本领；我是一个苹果，就想方设法让自己变得更甜；我是一只猴子，就老老实实练习爬树的技巧……每个人对自己都要有清楚的认知。这有利于人生目标的设定。

随着年龄慢慢增长，你要对自己的优势、劣势有比较充分的了解。你可能需要结合老师、家长的建议分析，才能找到自己真正的优势。在这个基础上，如果能够尽早规划人生目标，你就能

调动自己所有的潜能和资源向着目标努力，少走很多弯路。

第二，多和积极、阳光、有大格局的人交朋友

现在有一些年轻人避而不谈梦想，认为那是奢侈品。前几年网上有个流行词“丧”，现在网上有个流行词“躺平”。我的建议是，近墨者黑，我们要尽量远离那些负能量满满、整天垂头丧气的人。

尼采说过：知道为什么而活的人，才能生存。我们应该多结交积极、阳光、有大格局的人。我们甚至可以结交一些人生阅历丰富的年长的人，他们也许会把人生经验中的精华萃取给你，帮你拓宽人生格局。

拿我自己的经验来说，从小到大，除了几位同龄挚友，我还结交了许多比我大 10 岁甚至 20 岁的朋友。这些忘年交丰富了我的经验和认知，让

我在自己的人生旅途中常常豁然开朗，受益无穷。

第三，对未知困难要有心理准备

确定目标不是喊喊口号这么简单。从现实到目标之间，困难重重，我们要有心理准备。比如，你的目标是做一名宇航员，那你要好好思考：我国哪所大学有相关专业？为了考取这样的专业，我应具备哪些相关知识和素养？从现在开始，我可以做些什么？等等。

通过对这些问题的梳理，你会避免不切实际的目标，也会对未知的困难有一个心理预期。

一旦你树立了坚定的目标，并预估了各种困难，以后即便遇到挫折，也会采取积极的态度去应对。相反，如果目标不清晰，或者对困难没有预估，你遭遇挫折时就很容易变得茫然、消极，以致加重受挫时的痛苦，从而削弱前进道路上的动力和满足感。

最后，我想和大家分享一个我十分钟爱的小故事。这个小故事来自畅销书《逆商》。演说顾问兼歌唱家沙莫夫，本来只是一名歌唱家，但有一天她被医生告知——她的声带出了问题。接下来，沙莫夫面临两个选择，要么终止歌唱事业，要么做一个手术。手术后，她的声带可能会痊愈，但她要付出的代价是手术后四个半月内不能说话。

因为怀有强烈的目标——“我要继续唱歌”，沙莫夫勇敢地选择了后者。手术后的日子，她严格按照医生的叮嘱在家养病。8 周之后，她的声带完全恢复了，最终她成为纽约市歌剧院的首席女高音。

更神奇的是，沙莫夫不经意间打开了人生的另外一扇门——成为世界知名演说顾问。她不希望自己的悲剧降临在其他人身上，于是在失去声音的那段时间，学习了许多和声音相关的知识，比如如何改善说话的方式、如何降低音量、如何改变共鸣等。也就是说，逆境和挫折不仅没有打败沙莫夫，还让她收获了第二事业。

同学，无论你现在身处何方，是否已经设定了人生目标，请试着在心里种下一颗关于人生目标的种子吧！因为“种一棵树，最好的时间是十年前，其次是现在”。

遭遇车祸被截肢，他奋发图强考取名校

684 分！看到这个分数时，小周欣慰地笑了。他身边的家人，不由得欢呼雀跃。他的班主任李老师更是激动得手舞足蹈。

这一路走来，小周太不容易了。事情还要从一年多以前说起。

2019 年 9 月的一天，小周骑着电动车出门办事，一辆超载的重型渣土车突然撞向他。他躲闪不及，左腿被渣土车车轮重重碾过。面对剧痛，小周冷静地、艰难地解下鞋带，捆扎在受伤的腿上，以防自己失血过多。

在救护车上，小周一直处于清醒状态，但他没有喊疼，并且一个劲儿地向陪伴他的班主任李老师说“对不起”，同时不断安慰在一旁哭泣的奶奶。

当救护车到达医院时，李老师不停地恳求医生务必治好小周。

小周的父母常年在外地打工，他从小善良、懂事、自律、刻苦。高一时，他曾参加全国中学生数理化学科能力展示活动，分别在数、理、化三个学科斩获省级一等奖。升入高二后，他获得了报考中国科学技术大学少年班的机会。没想到，在这个节骨眼上，他竟遭遇飞来横祸。

经过好几个小时的手术，小周终于脱离危险。但是医生同时宣布了一个残酷的事实：“病人左小腿截肢，右腿骨折且大面积掉皮，右脚趾损伤严重。”

第一次手术结束后 2 天，小周还在重症监护室接受观察，便请求姑姑把他学校里的课本都拿来，然后就在里面自学起来。

为了彻底治好伤病，小周忍着常人难以想象的痛苦，前后接受了 8 次手术。其间，他总是见缝插针地捧起书本学习。

7 个月后，小周的同学和老师再次在校园里见到了小周。返校后，小周学习更加刻苦。同时，落下的整整 7 个月的课程，他一点一点补了回来。他的事迹在学校里广泛传播，其他同学深受鼓舞。

2021 年高考，小周发挥稳定，考了 684 分。之后，他被清华大学录取。自此，这个自强不息的少年，开启了新的人生篇章。

提高自己的“心理弹性”

遭遇飞来横祸，很多人会怨天尤人，一蹶不振。

本文的主人公小周不仅在遭遇灾祸时能够冷静自救，而且在手术后能快速调整心态，在病床上坚强自学，没有一丝放弃的念头，确实令人钦佩。

毫不夸张地说，小周用毅力和勤奋，改变了自己的命运。他的故事让我想起印度诗人泰戈尔的《飞鸟集》里的那句诗：“世界以痛吻我，我要报之以歌。”

对我们大多数人来说，遭遇这样的人生挫折

是小概率事件。但我们还是应该好好思考一下：在生活中，人难免遇到挫折，为什么有人可以淡然面对，有人却会因此一蹶不振？

这就是“心理弹性”不一样的结果。

简单来讲，“心理弹性”指一个人在身心面临压力时，能否镇定自若地应对，并很快适应新的情况。很明显，心理弹性大的人更容易获得成功和幸福。

相反，一遇到挫折就愁眉苦脸、一蹶不振的人，无法在逆境中生存，纵使有高智商，也很难收获成功的人生，更不可能很好地掌握自己的命运。

那么，青少年应如何提高自己的“心理弹性”，从而拥有更好的耐挫力呢？

第一，允许自己犯错

犯错对任何人来讲都不可避免。所有人的成

长都是从不断试错开始的。

哈佛大学心理学家埃伦·兰格曾做过一项实验，专门研究人们对犯错的态度。实验将参与者随机分成三组，并让他们分别做演讲。

A 组参与者被告知“犯错是不好的”；

B 组参与者被告知“犯错是难免的”；

C 组参与者被告知“请在演讲中犯一个错误，而且还可以犯更多意外的错误”。

结果，C 组参与者在演讲过程中感觉最舒服、最不焦虑，并且得到了观众最高的评分。

这是我非常喜欢的一个实验。这个实验揭示了一个道理：当允许自己犯错、不怕自己犯错时，我们反而更能不畏艰难地完成一件事情。

第二，学会积极归因

除了允许自己犯错外，我们遇到挫折、失败时，还要学会用“归因法”总结经验。这样，我们才能更有效地提高“心理弹性”。

普通人遇到挫折后的行为路径是，先沮丧，然后责备自己，下次遇到挫折还是重复这样的模式。

耐挫力强的人遇到挫折后的行为路径是，开始时有点沮丧，但并不怨天尤人，能主动思考并总结失败的原因、积极改善自己的行为、制订新计划，继而获得最后的成功。

另外，我们还要避免消极归因，比如犯错后过于自责。适当的自责无可厚非，但是过度的自责，会让我们沉浸其中而一蹶不振。当然，如果把错误全部归因于他人或环境，也是不可取的。正确的方式是，主动为自己的行为负责，同时积极归因，从错误当中学习新的东西，并相信自己能够改善当前的局面。

第三，不要把挫折无限放大

我们必须知道，任何挫折都是暂时的，而不

是永远的。否则，若认为一次挫折等于绝对的失败，容易加深绝望和无助，长此以往，容易滋生自暴自弃的念头。如此，“心理弹性”根本无从谈起。

把挫折无限放大的习惯，很多人都有。比如，某学科一两次没考好，有些学生就会绝望地认为，这一学科我永远都学不好了，我就是个笨蛋，进而怀疑自己整个人。遇到这样的情况，我们必须告诉自己：我只是某次考试出了问题而已。这就把挫折感控制在了特定的范围之内，而不是把挫折感无限放大。

如果一个人总因为“某件事没做好”而完全否定自己，他注定发展不出解决问题的勇气和能力。

如果我们能这样想：“这次我没做好，可能是什么环节出了问题。我要仔细研究一下，争取下次避免类似的问题。”带着这样的思维方式，我们将锻炼出解决困难的勇气和智慧，一定会越来越优秀，这就是“心理有弹性”的意义所在。

请记住，这个世界上没有永远的失败，只有暂时的不成功。

03

曾从大学退学，他再次高考考了 623 分

2021 年高考成绩发布后，湖北襄阳一位外卖小哥小王火了！这是他第二次参加高考，他考了 623 分！

外卖小哥、第二次高考、623 分……这些关键词背后，有个耐人寻味的故事。

2013 年，小王曾以优异的成绩考入北京的中国农业大学，就读食品科学与工程专业。随后，他离家到北京求学。然而，他很快发现，自己对大学生活有诸多不适应。另外，他对自己所学专业也不是很感兴趣。因此，他在校期间经常外出打工、做兼职。这样摇摇晃晃地读了几年大学，他在大三时选择了退学。

接下来的几年，小王做过很多工作，比如在培训机构做辅导老师、在制衣厂当搬运工、送外卖等。

在“社会大学”的洗礼下，小王逐渐意识到：知识和学历对一个人来说，还是很重要的。他认为，如果自己当年坚持完成了学业，他的学历应该会给他带来更大的发展空间。

于是，他决定再次参加高考，争取重返大学校园。去学校参加考前补习时，每每看到比自己小好几岁的同学，他都觉得自己应该更加努力。他的补习生活一开始并不顺利，遇到了很多的困难，但他都一一克服，坚持了下来。他坚信：自己一定能行！

高考分数发布后，小王查到了自己的分数——总分 623 分！不久，他被西南财经大学录取。他也因此成了网民争相称赞的“励志网红”。

坚韧和自知是珍贵的人生品质

写完这个故事，我有两个社会情商工具要送给大家。

第一，“韧性”比金子还珍贵

很多年轻人只能接受成功，只想接受赞美，承受不了挫折和失败。对一个学生而言，像“退学”这样的事情发生后，一些人会一蹶不振。小王却能够在现实生活中磨炼自己、自食其力，并且愈挫愈勇，敢于重新挑战自己。我要为他的韧性点赞！

说到韧性，我又想到了一位可爱的外国老爷爷。他的名字很有趣——Goodenough，我叫他“足够好爷爷”。

2019年10月9日，瑞典皇家科学院宣布将2019年诺贝尔化学奖授予这位97岁高龄的“足够好爷爷”。由此，他成了诺贝尔奖有史以来年龄最大的获奖者。在近百年的人生中，他遭遇过童年父母中断资助、中年失业前途迷茫、晚年丧偶痛苦孤独、96岁时摔断一根骨头等挫折。

在接受媒体采访时，他这样说道：“我们中有些人很像乌龟，走得很慢，一路都在挣扎，但这些‘乌龟’必须继续走下去。”是的，这足以概括“足够好爷爷”永不服输、充满韧性的人生。

同学们，随着渐渐长大，你们会越来越理解，“韧性”对于一个人的重要性。有了这个品质，即便遇到挫折，我们仍然可以站起来，直面失败。

第二，人贵有自知之明

谁都难免犯错、走弯路，重要的是“在哪里跌倒，在哪里爬起来”。故事中的小王很清楚自己一路是怎么走来的，他没有因为再次高考成功而陷入自我陶醉，更没有借机炒作，而是通过媒体告诫年轻学子，要珍惜学习时光。我要为他的自知点赞！

人可以知道世间万物，唯独难以客观认识自己。

古希腊阿波罗神殿上刻有这样一句箴言：“认识你自己。”这被古希腊哲人视为最大的人生智慧。我国古人说：“人贵有自知之明。”“吾日三省吾身。”世人最可贵的品质就是能够正确地认识自己，并时刻进行反省。

希望正在奋发读书的你，能从小王的经历中受到启迪，学习“韧性”和“自知”这两种品质，早日找到自己的人生目标和奋斗动力。

父母离异，她虽有不舍还是勇敢面对

“我爸妈之间有了第三者，他们已经离婚。我很快就要变成一个没人要的孤儿了……”这天，小乔忍着眼泪，在日记里写道。

小乔今年读高一，她是偶然听到父母在卧室里争吵，才知道父母已经办理了离婚手续，但是为了女儿，他们还是决定暂时住在一起。这对小乔来说，简直是晴天霹雳。

小乔本来就是一个内向、羞怯的女孩儿，这下她更觉得自己就像波涛中的一叶小舟，完全没有了方向。她曾鼓起勇气，悄悄问妈妈为什么要和爸爸离婚。妈妈叹了一口气：“小乔，大人之间的恩怨一言难尽。妈妈知道对不起你，但为了你，我们还是会好好相处的。你好好读书，不要胡思乱想。”

小乔心如刀绞，只能把心事写在日记里：“如果没有我，他们就不用这么辛苦工作；如果没有我，他们的二人世界一定很美好，他们一定不会走到今天……”

这样的想法仿佛一个魔咒，紧紧地缠着小乔的心。小乔总是这样告诉自己：“你很没用，你很多余，一切都是因为你！”她每天都很失落，在学校里就像行尸走肉一般，课也听不进去，跟同学说话也有些前言不搭后语。

这天，小乔的好朋友小丽发现了她的异样。下课后，小丽递给小乔一张纸条，上面写着：“有什么不开心可以跟我说说。”

小乔犹豫了一下，咬着牙，愤愤地在一张纸条上写下一个英语单词“divorce（离婚）”，并将它给了小丽。

放学后，她们一起回家。小丽小心翼翼地说：“小乔，他们仍然是你的爸爸和妈妈，他们依然爱着你，你不觉得是这样吗？”

“也许吧。”小乔低着头，踢开了脚边的一颗小石头。

“多想想你爸妈对你的好，你说呢？”

“嗯，我试试吧。”

在回家的路上，往常的一幕幕像电影画面一般浮现在小乔脑海里。比如，她生病的时候，爸妈一起照顾她；她获得荣誉时，爸妈都会和她击掌庆祝；每年寒暑假，爸妈总是尽可能抽出时间带她去旅游；等等。想到这些，小乔心里的怨念消解了不少：“小丽说得对，他们虽然不能在一起了，但是他们仍然是爱我的。”

想到这，小乔心情好了很多。后来，小乔突然灵光一现：我为什么不把自己的心里话讲给爸爸妈妈听呢？

回到家，小乔在自己的房间提起笔，给爸爸妈妈写了一封信。

在这封信里，小乔先回忆了自己从小到大和爸妈在一起的快乐时光，接着把当下的惊恐、悲伤、绝望统统一吐为快。在信的末尾，她写道：“爸爸妈妈，你们虽然不能在一起了，但我还是很爱你们。我很希望我们三个人能够有更多的机会在一起。”

当天晚上，小乔临睡前把这封信小心翼翼地放在餐桌上。

第二天一大早，小乔的爸妈敲响了她的房门。

“进来吧。”小乔的心在狂跳。

小乔看见妈妈的眼睛红红的，爸爸的眼神中夹杂着愧疚和感动。

他们走到小乔身边。爸爸先开口说：“女儿，爸爸这辈子最幸福、最开心的事情，就是有你这个宝贝女儿。爸爸妈妈的分开与你无关，我们之间没有了可支撑我们继续生活在一起的感情，但我们都爱着你。我们只是怕伤害你，才没有第一时间告诉你我们离婚的事。我们也想用暂不分居的方式，让你不要太早知道这件事！没想到，你还是知道了。”

妈妈有些哽咽：“宝贝，妈妈以为你现在只要好好学习就可以了，大人的事你不懂，也不用懂。可是我的宝贝女儿已经长大了，你有权利知道爸爸妈妈之间发生了什么。”

小乔再也忍不住了，她站起来，紧紧地抱住了妈妈。

“我们不该把你当作一个小孩子，向你隐瞒这件事。对不起！爸爸妈妈都是非常非常爱你的。”爸爸走上前，摸了摸小乔的头。

不可小觑“坦诚”的力量

各位同学，我们一生中会遇到各种挫折和困惑。父母离异对一个孩子来说，确实是人生当中非常大的一个转折。

面对父母离异这件事，没有一个孩子能轻易接受。如果遭遇这样的事情，到底该怎样释放自己的情绪，安放自己的心灵呢？每个人都要找到自己的方法。故事中的小乔有写日记的习惯，热爱文字，喜欢倾诉，所以她用写日记的方式纾解心情，排遣烦忧。

我觉得她做得最正确的一件事，就是鼓起勇气坦诚地给爸爸妈妈写信。她的倾诉，感动了她的父母，让他们意识到孩子有权利知道发生了什么，必须重视孩子的感受，和孩子的情感连接不能放松。

最终，小乔用她的坦诚赢得了父母的坦诚回应。

小乔的故事让我想起我的一位读者蓉妈。她和丈夫离婚后，独自带着女儿生活。因为怕女儿早恋，她总是偷翻女儿的书包。有一天，她发现女儿书包里有一条崭新的手链，于是质问女儿这是怎么回事。女儿倍感委屈，夺门而出。

蓉妈苦恼地求助于我。我这样引导她："给女儿坦诚地写封信吧！"她十分疑惑："叶老师，写什么呢？"我答："写写你的少女时代，你当时的困惑、萌动、秘密、悲喜等；写写你现在对女儿的担心和期待。总之，文字不用多么华丽，但真诚是必需的！”

蓉妈按照我的建议，用心给女儿写了一封信，并忐忑地等着女儿的回应。第二天早晨，她在自己卧室的门上看到女儿贴的一张纸条——“已阅。期待续集。”

就这样，一封情真意切的信，重建了母女之间的信任和联结。因为母亲的坦诚，女儿也坦诚地回应：“妈妈，那条手链是我闺密送给我的生日礼物，别多想！”你看，坦诚的力量多么神奇！

坦率、诚恳地对己对人，是我们必备的一种社会素养。它至少有以下几个好处。

第一，避免焦虑

诚实面对自己、接纳自己，可以让我们认清自己的问题、解决自己的问题，这是我们对自己负责的表现。坦诚，可以让我们情绪平和，避免很多焦虑。

第二，提升自信

坦诚的人往往都是有自信、有勇气、有力量的人。他们不太可能陷入自卑或自满的困局，只会踏踏实实地发展自己，也不太在意别人的评价。

第三，赢得更多朋友

没有一个人会拒绝坦诚的朋友。古人说："君子坦荡荡，小人长戚戚。"坦诚的人，都是光明磊落的人，具有很好的人格魅力，会赢得很多朋友。

来吧！让我们敞开胸怀，遇到任何困难、疑惑、不解等时都坦率、真诚地表达自己，对待他人。

最后，送上作家三毛的一句话："做一个真诚的人，不放弃对生活的热爱和执着，在有限的时空里，过无限广大的日子。"

05

因为压力浑身疼痛，表哥的一席话让他走出困局

小俊从小到大都是那种“别人家的孩子”，从小学到初中再到高中，他的成绩基本保持在班级前三。然而，他这样的“学霸”竟然也有一段痛苦不堪的经历。

小俊的爸爸妈妈都是律师，他们希望小俊读大学时能读法学专业，但小俊一直对法学没多大兴趣。

小俊读高一时，表哥考上了国内一所名牌大学，就读法学专业。这下，家里多了一个榜样，小俊妈妈经常这样鼓励小俊：“表哥那么优秀，你要像表哥那样。”她甚至要来小俊表哥读高三时的作息表贴在小俊的房间里，以此来鞭策他。

活在全家期待中的小俊一直很努力，成绩总是名列前茅。

然而，升入高三后，小俊被一种“怪病”缠上了。每次写作业时，他都会肚子疼，甚至疼得直冒冷汗。家人带小俊到各大医院检查，所有医生都说他没有任何问题。

高三下学期，小俊肚子疼的问题不知为什么消失了，他家人总算放心了。但没多久，他的背部又开始闹毛病。每每久坐之后，他的背部都会钻心地疼。不但如此，他的手臂有时还会发麻。家人带他到处检查，但所有检查结果都显示他没有任何问题。

虽然“怪病缠身”，小俊还是硬撑到了高考结束。

在小俊填报志愿的时候，家人都建议他选法学专业，但小俊想选计算机专业。他从小喜欢做手工、玩游戏，对科学、自然、逻辑等很感兴趣，只是因为学业繁重，他把这些爱好都搁置了。

最终，他还是抵不过家里的“一致意见”，填报了某知名政法大学。

令人不解的是，小俊身上的各种疼痛在他进入大学之后又开始了。小俊为此经常到医院做各种检查，但医生们都说他没有问题。

在一次家庭聚会上，小俊把自己的“疼痛怪病”告诉了表哥。

表哥听完后问他：“你喜欢现在所学的专业吗？”

“不喜欢，绝对不喜欢，我从来都不想学法律。但是我没办法，你知道的，全家都要我……”

“那你喜欢什么专业？”

“信息技术啊……计算机啊……读初一时我就偷偷自学编程了，这事你知道的呀！”

沉默片刻后，表哥拍了拍小俊的肩膀，笑着说：“我有个建议。”

“哦？”小俊有点儿迫不及待地想听表哥的建议。

“你为什么不把自己现在所学的法学专业和信息技术相关专业结合起来学习呢？现在，跨学科、跨领域的学术研究可是非常火的。”

“是吗?！”小俊来了兴趣，眼睛都亮了。

“你这样做，既解决了‘想要做’的理想问题，又解决了‘正在做’的现实问题。跨领域的复合型人才，将来一定更有前途！”

表哥的话让小俊豁然开朗。

那以后，小俊突然对未来有了期待。本来他非常讨厌法学专业，但现在他似乎找到了新的人生方向，有了新的动力。

让小俊颇有些意外的是，当他把这个想法告诉家人的时候，他得到了家人一致的肯定和支持。虽然专业课很多，但小俊还是挤出时间自学信息技术相关课程。

说来也奇怪，当小俊重新确定了人生发展方向之后，他身上的疼痛渐渐远离了他。

小俊恢复了生龙活虎的样子。他终于知道未来想成为一个什么样的人了。

建立关于人生的整合和平衡能力

人生的迷茫，常常出现在需要做选择之时。

美国诗人罗伯特·弗罗斯特在《未选择的路》里写道：

黄色的树林里分出两条路，
可惜我不能同时涉足。
我在那路口久久伫立。
我向着一条路极目望去，
直到它消失在丛林深处。

但我却选择了另外一条路，

它荒草萋萋，十分幽寂，

显得更诱人、更美丽，

虽然在这条小路上，

很少留下旅人的足迹。

有时，选择不是非此即彼。正如故事中小俊的表哥给小俊的建议一样，好的选择可兼顾现实和理想，可帮我们重塑信念，让我们接受全新的挑战。

《相约星期二》是我很喜欢的一本书。书中的社会心理学教授莫里说：如果你对当下的文化不认同，那么就要建立属于自己的文化。

基于小俊的遭遇，我对莫里教授这句话的理解是：如果我们不认同别人的价值系统，那么就要努力建立属于自己的价值系统。“重新建立”是一种充满勇气和智慧的选择，目标是建立一个现实和理想的交集——自己的追求和他人对我们的期待的交集。这是自信的根基，是力量的源泉，是我们坦然面对生活最好的武器。这更是一种关于人生的整合能力和平衡能力。

我们要有意识地学习、练习关于人生的整合能力，这至少可给我们带来以下几个好处。

第一，看问题不容易钻牛角尖

一直带着“整合”的思维，我们看问题时就会比较全面，不会过于偏激。

上文中的小俊一直带着偏激的心态面对法学专业，这不仅影响了他的学业，还给他带来了躯体反应。我们应该引以为戒。

第二，有助于社交能力的提高

整合能力需要我们有比较高的情商、智商，摒弃机械的“线性思维”，从不同角度看问题。这样的练习，会提高我们的社会情商和社会洞察力，我们的人际关系也会变得更好。

第三，能获得更多价值感

拥有整合能力和平衡能力的人，往往能够较圆满地解决问题，获得更多价值感。相反，缺乏这种能力的人，做事情容易遭遇挫折，容易陷入一蹶不振的境地。

另外，小俊的经历也提醒我们：过度的压力可能引发心理层面的长期焦虑，导致躯体上的不适。也就是说，身体健康和心理状态关系密切。现代医学研究证明，负面情绪可能给身体带来负面影响，导致不适甚至疾病。

幸好，小俊找到了人生发展的方向，压力变成了动力。祝福他，也祝福正在阅读本书的你！

PART 2

人际交往遭遇困扰时

——锻炼人际冲突的处理能力

01

内向、悲观的他，靠一棵“神奇树”融入新集体

因为父母工作调动，小袁在初二下学期转学到了邻市的一所中学。

小袁性格内向，加上初来乍到，总觉得自己在新的环境里有些格格不入。

尽管班主任为小袁创造了不少机会，想让他尽快融入新的集体，但小袁总觉得同学们对他若即若离。他尤其害怕上课时小组讨论的环节，其他同学总是三三两两扎成一堆，这更让他看上去像个局外人。

负面情绪越来越多，小袁心头的压力越来越大，他晚上总是睡不好。有时，凌晨一两点钟他就醒了。有时，他

明明很困，但就是睡不着。很多个晚上，他都是呆呆地望着天花板，等待天亮。因此，白天在课堂上他经常趴在课桌上打瞌睡。

同桌小王敏锐地捕捉到了小袁的反常情况。这天，体育课结束的时候，小王和小袁在操场上散步。

“小袁，你好像有点‘丧’啊？你怎么了？”

“我也不知道怎么回事。我感觉生活很没劲，我也没有朋友。”

“其实，大家都很愿意和你接触啊，但都觉得你有点儿冷漠。”

“我觉得大家好像都在躲我……”

“正是因为你看上去有些消极、悲观，大家才不太敢接近你……”

“是啊，我也不知道怎么才能让自己振作起来。”

“这样吧，今天放学后，我给你看一样东西，看能不能帮到你。”

小袁对小王的话充满了好奇和疑惑。

放学后，在回家的路上，小王从书包里掏出一个大大的笔记本，并翻到最后一页，递给了小袁。

这一页上画着一棵大树，树干很粗，上面写着几个大字：我喜欢我自己。这棵树有点特别，枝丫很多，每一个枝丫上都有一个小云朵。每个小云朵里面都有字。小袁仔细一看，那些小云朵里写着：

在校园里边散步，边听音乐，真快活。

画了十分钟画，我感觉很平静。

学会了一首新歌，很有成就感。

帮同桌解了一道数学题，我感觉挺好的。

在小区的人工湖边跑了两圈，流汗的感觉真不错。

……

“这是什么啊？”小袁忍不住问。

“这是我的‘积极思维树’，”小王说，“这个方法是我以前的语文老师教我的。那个时候我也和你一样，总是提不起精神，和同学也处不好。后来，语文老师教我画这种‘积极思维树’，让我多关注积极、开心的事情，并且记录下来。那以后，我经常画这样的树。”

“这听上去挺有意思的，那这‘积极思维树’怎么用呢？”

“每当不开心的时候，我就会把‘积极思维树’拿出来看一看，数一数树的枝丫，之后我的心情就会好很多。其实，你也有很多优点，你生活中也有很多乐趣，你要把它们挖掘出来，让自己看见。要不你回家也试试吧。”

“谢谢你！”小袁若有所思。

回到家，小袁立刻找出一个漂亮的笔记本，用彩笔在其中一页画了一个粗壮的树干，并在树干上工工整整地写下：我喜欢我自己。

之后，他又在树干上画了一些树枝，并在每个树枝上画了云朵。

“哪些事会让我感到开心呢？”小袁开始在过往的时光里搜索，然后把那些能让自己开心的事一一写进了那些云朵里：

看漫画的时候，我可以忘却很多烦恼。

帮妈妈洗碗，让我挺有成就感。

和我家小狗在一起时，我感觉很开心。

……

此后，小袁学会了如何在平凡生活中发现快乐、体会快乐，他渐渐找到了自己的内在力量。他的“积极思维树”上的“云朵”越来越多，他心里的阳光也越来越充沛。

小袁还发现一个秘密：要想让自己快乐，最简单的办法就是帮助别人。后来，在校园里，在班级里，同学们总能看到小袁忙碌而快乐的身影。

小袁的朋友越来越多，后来他还被同学们选为副班长。显然，他彻底融入了这个温暖的集体。

“积极思维”是快乐的秘籍

故事中的小王同学，把一个宝贵的“工具”送给了小袁，那就是积极思维。我也借着小袁的故事，把这个“工具”送给大家。

“积极思维树”的本质，是积极的自我暗示。暗示的力量不容小觑。

有这样一个传说，你可能听过。所罗门群岛的居民常用一种特别的方式来砍树。如果一棵树太大，他们无法用斧子将树砍倒，就会用自己的呐喊来“砍”树。他们会放开嗓门冲着大树大声咒骂。据说，他们连续这样做30天后，大树就会因“羞愧”而枯死。这虽是传说，但从中我们可以一窥负面信息之巨大影响。

下面的故事是真实的。

1983年，一名美国击剑运动员将在比赛中遭遇自己的宿敌——一名古巴选手，对方曾两次击败他。因为那两次失败，对于这次比赛，他内心几乎已经投降了。

他的教练想了个办法，让这名运动员每天反复在脑海里想象自己战胜对方的情形。结果，这名运动员在接下来的比赛中，以很大的优势战胜了那名古巴运动员。这名运动员在赛后分析这次比赛取得胜利的原因时，觉得教练教给自己的“积极暗示自己”的方法对自己的帮助特别大。

你看，积极暗示的力量多么强大！

各位同学，我们要知道，我们所拥有的天赋和各种资源都是我们宝贵的财富。我们需要去挖掘、体验，然后借助“积极思维树”等工具，将各种资源转化为内心的积极力量，从而使自己成为一个阳光自信的人。

怎样拥有积极思维？我想，至少可以从以下几个方面做起。

第一，换种思维看问题

每当遇到困难，你的第一想法也许是：我办不到、我不可能成功、我很差……但是，如果你能换一种思维模式，也许一切都将不一样。正如所有硬币都有两面，所有事情也都有两面性，既有积极的一面，也有消极的一面。“硬币的反面是什么？我真的办不到吗？我真的很差吗？”遇到困难，我们可以这样问问自己。千万别小看这样的思维转变，它会带领我们进入一个新的境界，帮我们化问题为机会，甚至积极地开启新的人生。

举个很小的例子。你在写作业，隔壁家的狗

却叫个不停。这时，你可以想想："硬币的反面是什么？任何事情都有两面性。"与其抱怨狗的叫声让你无法专心写作业，你不如这样想：狗狗是我的"闹钟"，它在提醒我要劳逸结合，我要起来活动一下筋骨！我要感谢它！

第二，拥有自己的可用于积极暗示的口诀

我教大家一个可用于积极暗示自己的口诀：

我想要——

我正在——

我已经——

如何使用呢？我举例说明。

假如今天你要面向全校师生做演讲，如何克服紧张，表现得更从容一些呢？你在上台前可通过以下方式做积极的心理建设。

"我想要"从容地演讲。

"我正在"从容地演讲。

“我已经”从容地演讲完了。

反复做这样的心理暗示，你将会获得更大的力量，会表现得更松弛、更从容。这个可用于积极暗示的口诀，我一直在用，效果很不错！你值得拥有。

第三，做任何事都要保持足够的专注

以我自己的经验来看，做事专心、投入，专注于当下，更能让我们获得掌控感和成就感，这是积极心态的重要来源。心理学上有个“心流”的概念，它指人把注意力发挥到极致时的心理状态。当你全神贯注地投入、沉浸于一件事情时，你将体验到一种浑然忘我的感受。由此，成功是迟早的事。

第四，和阳光、乐观的人做朋友

不要和那些负能量满满的人做朋友，他们可

能影响到你，让你也变成一个消极的人。想让自己更阳光，我们就要积极地靠近阳光。

第五，找到做事情的意义

我们做事情的时候，要赋予它意义。比如，妈妈让你洗碗，与其抱怨，你不如积极思考：“洗碗能给我带来什么？也许可以锻炼我处理事情的统筹能力、提高我的生活自理能力……”你赋予一件事情的意义越多，你越能积极投入其中，并乐此不疲。

各位同学，从今天开始，请参照以上几条，积极地发现自己的优点，多多肯定自己，你一定会赢得更多人的认同。同时，你的“积极思维树”一定会枝繁叶茂、高耸入云。

险些与好朋友决裂，心理老师让她重获友情

这天，初二女孩阿兰整个下午都是在愤怒、不解中度过的。

她最要好的朋友小戴，给她留了一张纸条：“我想我不能继续做你的朋友了。我没能带给你快乐，对不起。”

“我又没得罪她，她为什么要跟我决裂？”阿兰百思不得其解。

阿兰在老家读的小学，初中时被爸爸妈妈接到城里。12 岁之前，她几乎没和爸爸妈妈在一起生活过。来到城里后，阿兰总觉得自己是个多余的、没用的人。

阿兰内心非常敏感，却又不善表达。好不容易在新学

校交到小戴这个好朋友，阿兰一直很感激她，也很珍惜她。可是，现在她唯一的朋友要离开她了，她非常难过。

几天后，阿兰终于鼓起勇气走进了学校的心理咨询室。

看着有些紧张的阿兰，年轻的心理老师秦老师微笑着说："我姓秦，你能来找我聊天，我很高兴。在这个房间里，你说的所有话，老师都会替你保密。秦老师也十分愿意分担你的烦恼。"

这番话让阿兰如沐春风，她定了定神，把自己的烦恼告诉了老师。

听完阿兰的诉说，秦老师微笑着拿出一张白纸，并在上面写了三个英文字母：A、B、C。

阿兰一脸迷惑。

秦老师问阿兰："如果今天班主任孙老师从你面前走过时看上去冷冰冰的，你会有什么想法？"

"嗯，我会想，我今天是不是做错了什么？"

"那这个时候你的情绪是怎样的？请描述一下。"

"情绪？应该是忐忑不安，或者是比较害怕吧。"

秦老师慢条斯理地说："A 是诱发事件或逆境（the

ABC

Activating Experience or Adversity)。在上面这个场景中，A 是‘孙老师看上去冷冰冰的’。B 是我们对这个事件的信念体系（Believes）……”

“哦，秦老师，我知道了。在这个事件中，B 就是‘我认为我肯定做错了什么’。”

“是的。”

“那么，C 是什么呢？”阿兰来了兴趣。

“C 就是基于事件 A 而产生的 B 导致的情绪或行为结果（the Emotional or Behavioral Consequence）。”

“嗯，刚才您已经问过我了，我的情绪可能是很忐忑、很害怕。”阿兰的反应很快。

“是的，你分析得很对。我们再来想一想，同样是‘孙老师看上去冷冰冰的’这个事件（A），如果你改变一下对它的看法和评价（B），那么结果（C）是否会有所改变呢？我们来试试好不好？”秦老师说。

“好，好。”

看到阿兰越来越配合，秦老师很兴奋，继续引导：“如何改变呢？我们可以这样想：‘孙老师看上去冷冰冰的，可能是因为他在工作中或生活中遇到了困难，与我没有关系。’那么，相应的结果（C）将会是什么呢？”

“我可能想要去安慰一下孙老师。我这个时候的情绪可能是同情、担心！”阿兰若有所思，继续说，“我的好朋友要跟我决裂。我之前对这件事的解读是：我一定做错了什么。这导致我很愤怒、很伤心。如果我改变一下对这件事的解读，她要跟我决裂，一定有她个人的原因。那么，我也许就不会这么愤怒、伤心了……”

“阿兰，你的悟性真好，”秦老师鼓励道，“所以你打算怎么办？”

“我打算开诚布公地跟她谈一谈。我想我一定能够找到解决方案。”

一周之后，阿兰又出现在秦老师的办公室。

“秦老师，我跟小戴聊过了。她跟我说，我平时太‘丧’了，她深受影响，变得越来越悲观。她说，我们各自先冷静一下，等我调整好情绪，她还会做我的好朋友。看来，我要改变一下自己了。您的ABC理论，我都记住了！”

又过了几周，秦老师有一天在操场上看到这样一幕：阿兰、小戴以及班上几个女同学笑嘻嘻地在一起玩儿。

情绪 ABC 理论，助你管理好情绪

我要为阿兰所在学校的心理老师秦老师点赞，也要为阿兰的悟性和勇敢叫好！

秦老师所用的方法源于理性情绪行为疗法 ABC 理论，这个理论是美国著名心理学家埃利斯提出的。简单来讲，埃利斯认为，诱发事件 A（Activating event）只是引发情绪或行为结果 C（Consequence）的间接原因，而引发 C 的直接原因是基于个体对诱发事件 A 的认知和评价而产生的信念 B（Belief）。

也就是说，任何事件本身并不必然导致消极

的情绪结果，任何事件会导致什么样的情绪结果取决于我们的信念。

举一个简单的例子。老师今天批评了你（A），如果你对此的认知是——老师在故意给你“穿小鞋”（B），那么事件（A）会导致的结果可能是——你讨厌老师（C）。但是，对于同样的事件（A），如果你的认知是——老师在帮助我，想让我变得更好（B），那么事件（A）会导致的结果可能是——你更喜欢老师了，并且想要感谢老师（C）。

说到情绪 ABC 理论，这里我给大家推荐我十分喜欢的一本书——《活出生命的意义》。这本书的作者维克多·弗兰克尔是一名心理医生，他在“二战”时期和父母、妻子、哥哥、妹妹一起被关进奥斯维辛集中营。最终，只有他和妹妹活了下来。

任何被关进奥斯维辛集中营的人都不能掌控自己的生命，每一天都可能是生命的最后一天。

然而，面对这样难以改变的现实（A），弗兰克尔重建了自己的信念——竭尽全力为当下的处境赋予积极的意义（B）。所以，他在集中营一直保有希望，坚韧地活着，始终对未来充满信心，对现实无所畏惧（C1），而不是悲观绝望、惶惶不可终日（C2）。他还经常告诉自己，如果有一天重获自由，他将用自己的经历告诉大家生命的意义是什么，所以他不能倒下。

最终，弗兰克尔奇迹般地活了下来。此后，他内心充满感恩，并在此基础上创立了“理性情绪疗法”，帮助更多人探寻生命的意义。

以上，无论是阿兰的故事，还是弗兰克尔的故事，都告诉我们：若能换一个角度看人生，我们也许能发现更多的精彩，收获更好的情绪。

我们在人际交往中，难免遇到冲突和矛盾。每每这时，千万不要让它们左右我们的情绪，影响我们的判断。请试着用情绪 ABC 理论做出更好的选择，收获更好的人生！

女生遇到“自私鬼”，一个姐姐 5 秒化解尴尬

刚参加完高考的小琴，跟着表姐去西藏旅游。她们一路辗转来到西宁，然后乘火车前往西藏。她们买的是卧铺票，想好好享受一下青藏铁路沿线的绝美风光。

从上火车那一刻起，小琴和表姐就沉浸在了愉快的旅途中。

很快，夜晚来临，车厢从白天的人声鼎沸渐渐归于平静。

小琴和表姐分别睡在中铺和下铺。

睡在上铺的，是一个看上去 20 岁左右的小伙子。她们通过从上铺传来的声音推测，小伙子正在看短视频。

小琴以为，大家都准备睡觉的时候，小伙子应该会关掉手机外放的声音，以不影响别人休息。

然而，上铺的这个小伙子，眼睛像是长在了手机屏幕上，深夜 11 点的时候仍然我行我素，冷不丁还会爆发出一阵大笑。

小琴十分纳闷：怎么会有这样不讲公德的人？这人也太自私了！然而，尽管心里有千百句怨言，但她敢怒不敢言。

同时，小琴也很好奇：为什么没有乘客站出来让小伙子把声音关掉呢？

无奈之下，小琴只好掏出随身带的耳机塞进耳朵当耳塞用，以隔绝上铺传来的噪声。

过了一会儿，小琴看到对面下铺的乘客起身了。那是一个 30 多岁的姐姐，她一头短发，看起来很干练。

她站起来用商量的语气对小伙子说："这位帅哥，我也挺喜欢看短视频的。我把耳机借给你，明早还我就行！"

边说着，她边把耳机递了上去。

小伙子迟疑了一会儿，说道："哦，好。"然后，他接过了耳机。

很快，那十分恼人的声音戛然而止，周围一下就清静了。小琴很快进入了梦乡。

“谢谢哦，昨晚打扰了。”第二天一早，小伙子把耳机还给了那个姐姐。

“没事，戴上耳机听音乐、看视频，于人于己都方便。”那个姐姐笑着说。

“是，是，我出门忘带耳机了，以后一定记得。”小伙子挠挠头，不好意思地说。

小琴不由得给那个姐姐投去赞许的目光，原来人与人之间的矛盾、冲突，可以如此轻松地化解。我也有耳机，为什么没想到要这样做呢？小琴这样问自己。

看来，社会果然是一本活生生的教科书，我是该多出来见识见识！小琴想。

之后，小琴与那个姐姐成了朋友，并向对方请教了很多人际交往方面的知识。

双赢思维，助你拥有高质量人际关系

这个故事来自我的个人经历。故事中的那个“姐姐”就是我本人。

我借耳机给那个小伙子，也是在告诉他：人在社会中，做任何事情都要考虑，自己的行为是否会影响他人。人不能太自私，不能只考虑自己。

更重要的是，我用这个方式，既照顾了他的面子，同时又解决了我和其他乘客的烦恼。这就是“双赢思维”。

有一句话我特别赞同：所谓高情商，不过是

“双赢思维”的表现。何谓“双赢思维”？即人在互动中不断寻求互惠互利，以至实现双方初始目标的思维方式。如何才能在人际互动中做到“双赢”呢？我想，至少要做到以下几个方面。

第一，了解各方的需求

举个例子。一对姐妹为了抢橙子，闹得不可开交。妈妈先让她们安静下来，然后耐心地询问她们争吵的原因。原来姐姐想用橙子皮做玩具，而妹妹想吃橙子的果肉。妈妈了解清楚双方的需求后，将橙子剥开，将果皮给了姐姐，将果肉给了妹妹。姐妹各取所需，这就是双赢。

可见，我们在人际互动中，若能多了解一下各方的需求，会避免很多冲突。

第二，多站在对方的立场看问题

有一则寓言分享给你。

有一个盲人，晚上出门时总会提着一个灯笼。路人问他："你什么都看不见，为什么要打着灯笼走路呢？"盲人答："我夜里出门打着灯笼不是为自己照明，而是为了给别人照明。别人看得见我，就不会把我撞倒了。我这样既帮助了别人，又保护了自己，何乐而不为呢？"在人际互动中，我们若能多站在对方的立场看问题，实际上也是在为我们自己着想。这就是双赢思维。

第三，适当进行"情感投资"

在上文的故事里，如果那个小伙不听我的劝阻，等待我的也许是一场争吵。我之所以避免了这种可能，很可能是因为我适当进行了"情感投资"。

在和他沟通时，我先用一句"我也挺喜欢看短视频的"，共情他的行为，拉近了和他的距离，让他放下了戒备。之后，我以信任的口吻表明，可以借耳机给他，他明早还我就行。这再次让我博得了他的好感。试想，如果我一开始就用斥责或命令的口吻与他沟通，即使之后想借耳机给他，也很可能被他拒绝。正是因为有这样的情感铺垫，这件事情才得以圆满解决。

大家一定要记住，人都是有磁场的。如果能拥有“双赢思维”，你的个人魅力将会提升，很多资源会因此不断向你靠近。由此，你的人生之路会越走越宽。

面对陌生人的辱骂，她用三个步骤轻松化解矛盾

小雯是一名马上读高二的女生，过去几年每年暑假她都会参加社会实践活动。这个暑期，她报名参加了一个“小记者夏令营活动”。

这天，小雯按时来到活动现场。她今天的职务是“校长助理”，今天的带队老师正是小记者学校的校长叶老师。

小记者们听课时都很认真，整个楼道静悄悄的。突然，楼道卫生间所在的方向传来一阵吵闹声，一下子打破了当下的宁静。

叶老师立刻赶了过去，小雯紧随其后。卫生间门外，一对男女正指着保安骂骂咧咧。

原来，他们是前来咨询“小记者夏令营活动”相关事宜的。其间，女子突然想上厕所，但女厕暂时无法使用。保安请她去别的楼层如厕，她不肯。于是，他们就破口大骂，看上去随时会和保安扭打起来。

叶老师搞清楚状况后，和颜悦色地规劝起来。不料，那对男女调转矛头，对着叶老师劈头盖脸地骂起来。

小雯从没有见过这么凶的人，禁不住哭了出来。她马上想到了报警，于是拿出了手机。但是，叶老师朝她使了个眼色，并微微摇了摇头，示意她不要报警。

奇怪的是，小雯发现叶老师没有回击，但也没有让步，她一边微笑着反复解释物业的规定，一边不动声色地向前移动脚步。那对男女一边骂骂咧咧，一边不由自主地退到了电梯口。

与此同时，电梯门正好开了，那对“火药桶”便随着人群不由自主地进了电梯。

淡定的叶老师微笑着朝那对男女挥手告别，就像在与朋友告别一样热情：“再见啊！再见！”

电梯门关上之前，小雯看到那对男女有点气急败坏，脸上布满错愕之情。

终于送走了那对“煞神”，小雯拍拍自己的胸口，长长地舒了一口气，然后好奇地问：“叶老师，刚才这两个人简直吓死我了！您是怎么做到这么淡定的？真是太神了！”

“进入社会，你会遇到各种各样的人。今天的情形是，有人要‘放火’，那我的目标就是‘灭火’，不能让这火蔓延开来。这事如果闹大，可能会影响教学，说不定还会导致更不好的结果。”

“可是他们那么骂你，而且那男的好像想动手，我都想报警了。”

“对付这样的人，最重要的是不能被他们带乱节奏。我有我的‘延迟负面情绪三步法’，别人的情绪垃圾别想倒在我头上。”

“哦，是吗，那是什么绝招啊？叶老师，您快教教我。”

叶老师带着小雯回到办公室坐下之后，细细地说：

“第一步，告诉自己，我很愤怒，负面情绪要来敲门了。这是‘觉察’。

“第二步，告诉自己，不要被对方营造的恶劣环境所控制，不要被带乱节奏。这是‘暗示’。

“第三步，做出理性判断，到底怎么做才能控制局面，将损失降到最低。这是‘决策’。”

原来如此！小雯用崇拜的眼神看着叶老师，觉得这堂社会课虽然残酷，但是真实、鲜活、有用！

“这个方法要经常练习，这样我们才能真正管理好情绪。我们要用最小的成本，把矛盾消解于无形之中。当然，如果对方不听劝阻，确实有伤害我们的可能，我们还是要当机立断采取更有效的措施，比如报警。”叶老师最后叮嘱说。

“延迟负面情绪三步法”，行走社会的必修课

这也是我亲历的故事，故事中的“叶老师”就是我。

当时，我被那对男女辱骂时深感屈辱。我从小到大，从没被人那样辱骂过。

按理说，我应该非常愤怒，进而猛烈回击。但我的“社会情商法则”告诉我，“只有情绪下去，智商才能上来”。也即，面对任何事情，我们只有控制好自己的情绪，才有可能想出有效的应对办法，控制好局面。

在这里，我再详细介绍一下我的“延迟负面情绪三步法”，希望能帮助大家学会管理情绪。

第一步：觉察

当负面情绪即将来临时，我们要学会觉察。比如，我好像很生气，我好像很烦闷，等等。

第二步：暗示

暗示自己不要为负面情绪“开门”，让负面情绪在“门外”多待一会儿。

第三步：决策

接下来，走入理性的“房间”，坐下来思考：如果我现在不能控制好情绪，会导致怎样的后果？眼下的问题是否有更好的解决方式呢？等等。

那一次，正是利用“延迟负面情绪三步法”，我控制住了我的愤怒，确保自己能平静应对当下的局面。最终，我机智地引导他们走到电梯口，送走了他们。当然，这个方法需要不断练习。一开始做不好也没关系，只要你愿意练习，总有一天能成为情绪的主人，而不是奴隶。

俗话说，“小不忍则乱大谋。”拿破仑也说过类似的话：“能控制好自己情绪的人，比能拿下一座城池的将军更伟大。”

说到情绪管理，我又想到一个小故事。

有一天，德国文豪歌德在一条狭窄的小路上遇到了他的宿敌。对方是一个心胸狭窄的人，他一脸傲慢，先声夺人：“我从不给小人让路！”歌德微微一笑，答道：“而我与您恰恰相反。”然后，歌德谦逊地站到路边，做出让对方先走的姿态。

你看，歌德并没有被对方带乱节奏，他用智慧巧妙化解了一场冲突。

管理情绪的方法很多。我在这里再推荐一个非常有用的方法。

这个方法叫作“放弃斗争的权利”。

这是一个高阶方法，如何应用呢？我先分享两组对照谈话实验。

第一组，当A辱骂B的时候，如果B以更大的声音给予回击，只会进一步激发A的愤怒。若双方情绪逐渐失控，战火将不断升级。

第二组，当A辱骂B的时候，如果B主动放弃回击的权利，而是迎合A的评价，比如：“是的，我确实很糟糕，我很傻，我很笨。”然后，面对B放弃回击和示弱的表现，A会感觉自己的拳头打在了棉花上。此后，战火将迅速降级。

是不是很奇妙？这就是神奇的“放弃斗争的权利法”。

当然，这个方法需要你有强大的心理能量，也是情绪管理方法中一个非常高阶的技术。这个方法也包含“及时止损”的理念。尼采说：“与恶龙缠斗过久，自身亦成为恶龙。”这句话非常经典。

亲爱的同学，在与人交往的过程中，你可能碰到各种能激怒你的人和事。在面对情绪失控的人时，切忌被对方的情绪掌控。祝愿你成为情绪的主人，永远在人际交往中立于不败之地。

两次坚定“拒绝”，给乖女生上了两堂社会课

高考结束后，小娟和闺密跟着表姐叶子等人去西藏旅游。他们一行六人，租了一辆越野车，走川藏线进藏。途中的壮美风景让人流连忘返，而路上发生的两件事可谓两节意味深长的社会课，让小娟印象深刻。

第一件事发生在沿途的一个旅游胜地。

叶子表姐前几天已经通过网络预订了三个房间，房费是每间 400 元。

离目的地还有几公里的时候，叶子表姐突然接到酒店客服打来的电话：“很抱歉，你们订的那三个房间的马桶都坏了，我们可能得给您办理退房手续。”

三个房间的马桶同时坏了？大家心里都有点诧异。

小娟打开可预订酒店的手机APP，发现该景区酒店房间的价格已经从300元一间涨到1000元一间了，那接下来该怎么办呢？

这时，叶子表姐淡定地对电话那头的客服人员说：“理解，理解，马桶坏了，那就修嘛。实在不行，我们自己修。无论如何，对不起，我们不接受退房！”

客服人员沉默了几秒钟，之后说：“哦，好吧，我们尽快修好……”

然后一切照旧，好像什么事也没发生过一样。

后来，小娟问表姐：“叶子姐，你是怎么做到的？如果我接到这样的电话，很可能会答应退房。我不敢拒绝。”

看着小娟温文尔雅的样子，叶子表姐笑道：“我问你，为什么就不能拒绝别人呢？”

小娟沉默了一会儿说：“我也不知道，就是觉得如果拒绝人家，会给人家带来麻烦，会感觉过意不去。”

叶子表姐接着说：“是的，过意不去，这是很多人不敢拒绝别人的原因。实际上，有些别有用心的人正是利用我们‘不好意思拒绝别人’这个弱点，向我们提过分的要

求。就像这家酒店的客服人员，实际上是想让我们退房，然后再把房间高价卖出去。你如果不好意思拒绝，就是纵容他们这么做。”

第二件事和他们所租的车的司机有关。

在一个景区稍做休整之后，他们换了一个司机。这司机一上路就说：“我看你们都累了，咱们还是提前一天结束行程吧。”

大家一时没反应过来，怔怔地看着他。

过了一会儿，这个司机接着说：“对了，我还有个事，最后一天我家里有事，就不送你们去机场了，抱歉。”

司机的语气非常淡定，仿佛大家一定会接受他的提议。

“咱们的合同条款里明明有送机服务呀。”小娟只敢在心里嘀咕。

这时，叶子表姐开口了：“师傅，今天我们如果是搭你的顺风车，自然会听你的。可我们是有合同的，合同里有送机服务的相关条款。我是付钱的游客，你是赚钱的司机。咱们有缘同行，都开开心心做好分内的事，你看好不好？”

叶子表姐说完这些话后，把目光投向了远处的风景。

司机抿了抿嘴，一时语塞。

车里一时安静下来。小娟在心里朝叶子表姐竖起十个大拇指。

之后的几天，这个司机热情得像换了个人似的。他在每个景点都会留足时间，还会卖力地帮小娟他们拍照、拎包。

最后一天，司机高高兴兴地送小娟一行人去了机场。

拒绝的能力，是重要的社会能力

也许你猜到了，这个故事所讲的也是我的亲身经历，我就是那个“叶子表姐”。

讲人际交往不可能回避“拒绝”这个话题。

拒绝其实是一种能力，这种能力是后天习得的。拒绝的能力，可让我们在行走社会遭遇困境时，更轻松地掌控各种局面。

就像文中的小娟一样，我们常常害怕拒绝别人。比如，你正在复习功课，同学却邀你去踢球，你该怎么办呢？如果拒绝他们，你可能会担心从此以后被他们孤立。

从来不敢说“不”的人，往往习惯压抑自己、讨好别人，很容易成为人们口中的“烂好人”，从而在人际交往中常常遭遇窘迫。

那么，如何才能提高“拒绝力”呢？我分享几个要点。

要点一：明确自己的原则

举个例子。13 岁的小君曾跟我诉苦：“有些女生喜欢使用别人的东西，比如帽子、梳子、润唇膏等。我有点儿小洁癖，每次遇到这样的人都很痛苦，不知道该怎么拒绝她们。”

我告诉她，你要从心里明确自己的原则——“我不喜欢别人用我的东西”，然后一以贯之。

要注意的是，不要设置模糊的原则。原则必须具体，边界必须清晰。

要点二：真诚拒绝

拒绝别人时，要真诚地表达自己的真实想法，这是拒绝的“情感底色”。

还是拿小君的遭遇做例子。如果她强硬地告诉那些女同学自己的原则——“请你不要用我的东西，我不喜欢”，很容易给人“不近人情”的感觉。

我建议她这样做：先坦诚地看着对方的眼睛以表示对对方的重视，然后用真诚的语气说：“我很在乎我们的友情，但是我从小到大有个习惯，不大喜欢别人用我的东西。我可能有点儿小洁癖，请你理解。”

这句话，首先肯定了双方的友情，为“拒绝”奠定了感情基础；其次强调了这是她“从小到大的习惯”，表明这个原则不容破坏；最后用“请你理解”表达了一种共情。

后来，小君用了我的方式，确实取得了很好

的效果。她的很多女同学都接纳了她这个原则，她们之间的友情反而更坚固了。

要点三：对自己的能力有正确的认知

很多人不会拒绝别人，有个很大的原因是对自己的能力没有清醒的认知。我们若对自己能力的认知有偏差，当别人提出需求，就会稀里糊涂或者硬着头皮去做超出自己能力范围的事，这样做的结果通常比较糟糕。

所以，遇到超出自己能力范围的请求，要直接告诉对方："我不是不帮你，我的能力有限，帮不了你。"

要点四：给对方对策或建议

拒绝，对于心软、好面子的人来说，尤其是一件有点儿难的事。别急，其实有个折中的办法，那就是在拒绝的同时，给对方恰当的对策或建议。

这样做既安抚了对方，又给了对方一定的帮助。这也是社交中高情商的表现。比如，有人求你办件事，你帮不了对方，但在拒绝的同时，可以给对方一些建议。

要点五：明确拒绝，不要半推半就

这一点也非常重要。在拒绝别人的时候，若是半推半就，很容易引起对方的误会，甚至让自己陷于被动之中。

比如，一个同学请你帮忙买一样东西，你其实不想帮他，但又不敢拒绝，就说“我在忙功课”。这样不明确的拒绝会让对方误以为，你只是暂时没空，你闲下来可以帮对方。那么，对方以后还会向你提同样的请求。

要点六：拒绝时不要带有歉意

人与人之间的关系很微妙，有时就像弹簧一

样，你软他就硬，你硬他就软。我的建议是，拒绝别人的时候一定不要带有歉意，最合适的态度就是不卑不亢。

一旦你给对方“抱歉（软）”的感觉，对方就会有“你欠我（硬）”的感觉。我们不要忘了，对方是在求我们办事，应该提前做好被拒绝的心理准备。我们又不欠对方什么，为何要有歉意呢？

要点七：学会“反拒绝”

这是个高阶方法。

我儿子米奇读初中时，有一段时间每天都会带一些自己喜欢的小点心到学校，在课间休息时食用。他有个同学从来不带点心，总是吃米奇的。这让米奇十分困扰。有一天，米奇向我求助。

我是这样教他的：“明天他再向你要点心时，你这样‘反拒绝’：‘你已经吃了我两周的点心，接下来的两周轮到我吃你的点心了。这叫礼尚往来。’”我还特别嘱咐他，说这句话时不要用商量的口气，而是要拿出不容对方拒绝的态度。

米奇用这个方法和那个同学沟通后，对方真的连续两周从家里带了点心给米奇吃。再后来，他们两个“小吃货”成了好朋友。

这个小故事表明，在拒绝的同时反过来向对方提出请求，是一种高明的拒绝。

以上这7个“拒绝力”养成的要点，在不同的场景，面对不同的对象，可灵活使用。

亲爱的同学，正当的拒绝并不是一种不礼貌的行为，反而是我们遵从自己内心做出的选择。合理拒绝是安全行走社会的重要保障，也是找回尊严、塑造自我的好方法。越早培养这种社会能力，你越容易赢得主动的人生。

PART 3

面对纷繁复杂的网络世界时

——提高网络应用及辨识力

课间偷偷看手机的少年，竟是时间管理高手

小记者学校的校长叶老师有些生气，因为她发现学员小任在课间休息时玩手机，他不仅会专注地盯着屏幕看，嘴里还不时念念有词。

在学校怎么能玩手机？！叶老师走上前，刚想批评小任几句，却被眼前的一幕惊到了：小任根本不是在玩手机，而是在研究手机里的数学题。

叶老师把刚到嘴边的批评硬生生地咽了回去。她十分好奇，便问小任："你居然在用手机看数学题？我真没想到！"

"啊，叶老师，您放心，我上课的时候没看，现在是

休息时间……”小任看到叶老师后，有点不好意思，“快要考试了，我想利用碎片时间，好好复习一下。”

“你这个利用碎片时间学习的方法，叶老师在大学时期才学会。你刚上初中就会使用这么好的学习方法了。你真是好样的，小任！”叶老师忍不住赞美起小任来。

“我习惯用手机把经常做错的题目拍下来保存好，一有空就拿出来看看。有时，我还会上网查解题思路。”

“哦，原来是这样啊！如有机会，你给别的学员分享一下你是怎么管理时间的好不好？”

“好！”小任干脆利落地答应了。

之后，小任为了这次分享，特地做了一个 PPT 课件，并将其命名为“5 个时间管理秘诀”。小任的 5 个时间管理秘诀是什么呢？

第一，利用好各种碎片时间

小任说道：“千万不要小瞧碎片时间。我特别喜欢利用各种碎片时间背英语单词，比如等车时、等电梯时、排队时、坐地铁时等。

“在家里，我每早起床后都会听英文歌。这不仅能纾

解我的‘起床气’，还能锻炼听力。

“平时，我随身携带着电子阅读器，想看什么书，随时都能看。

“另外，我妈妈也是时间管理高手。她利用做家务的碎片时间，听了好多音频课程。”

一时间，教室里曝发出一阵赞叹声。

第二，通过学习做饭锻炼时间统筹能力

小任讲到这一点时，台下的同学面面相觑，眼神里充满疑惑：“这都可以锻炼时间管理能力？”

小任说：“我爸在我读小学时就教我烧菜了。在做菜时，我们可以锻炼自己统筹时间的能力。比如，做某道菜的时候，可以切、配其他菜，还可以顺便把用过的碗、碟清洗干净。这就是在统筹时间。”

第三，“批处理”手头的事情

看到同学们疑惑的眼神，小任解释道：“批处理就是把相关的事情放在一个时间段处理。比如，在暑假时可花比较多的时间读一些名著，理发、购物等杂事可以在特定

时间集中处理，等等。”

第四，拒绝熬夜

小任说：“熬夜做作业，不仅不能做好作业，还可能影响身体健康。我爸爸妈妈一直提醒我，如果作业太多，当天晚上实在做不完，第二天早晨可以提前一小时起床做。这样做既不耽误睡眠，又能很好地完成作业。”

第五，利用好网络工具

“网络工具？”同学们又骚动起来，因为他们大部分人上网只是为了娱乐。

小任笑着说：“网络不是洪水猛兽。比如，可以用能将语音转为文字的网络软件锻炼口头表达能力和写作能力。再比如，看到好词好句，可以拍下来并上传到自媒体平台，以永久保存。网上还有一些可帮助我们管理时间的软件，我们可以好好利用。”

小任在讲台上滔滔不绝，台下的学员有的在埋头做笔记，有的听得津津有味。

科学管理时间，是通往优秀的必经之路

这个故事中的小任在大家用手机玩游戏、看视频的时候，把手机变成了“学习利器”。他分享的5个时间管理秘诀都很实用，各位同学不妨试试。

特别值得注意的是，移动互联网让我们的生活越来越方便，读书、交友、点餐、购物……都可以“一机搞定”。但我们的时间和注意力，也因此被手机瓜分得像雪花一样细碎。

英国作家赫胥黎说过：时间最不偏私，每天

给任何人都是24小时；时间也最偏私，每天给任何人都不是24小时。

同样是24小时，有人想着及时行乐，有人想着自律前行，更多的人在两者之间徘徊。

如何在手机横行的时代，做好时间管理？除了上文中小任的做法，我再推荐一个“任务切分法”。具体如下。

第一步：目标要明确

不管做什么事，都要有清晰、明确的目标。没有目标，等于射箭找不到靶子，时光将在蹉跎中悄悄溜走。

第二步：分解任务，目标越小越好

很多人想要坚持做一件事，最后做着做着就失败了，主要原因是把目标定得太大、太笼统，最后自己把自己吓住了，只能打退堂鼓。切记：

目标要小！小！小！

作家村上春树曾经参加过超级马拉松大赛。这个比赛全程 100 公里，第 55 公里到第 75 公里的路非常难跑。村上春树采取了“分解任务”的方法——不看远方，只把注意力放在眼前 3 米远处（小目标），然后专心地向最近的“3 米”发起挑战。靠着这个方法，他成功甩掉了 200 多人，用 11 小时 42 分顺利抵达终点。

第三步：完成比完美重要

在做任何事的过程中，目标定得越小，越容易完成。这里，我还有个重要提醒——在执行计划的过程中，不要对自己太苛刻。我们都是普通人，每天的状态有好有坏，只要大致按照计划做了即可，就是胜利。很多时候，完成比完美更重要。如果对自己太苛刻，我们反而更可能放弃。

我真心希望各位同学尝试一下这个“任务切

分法”。

目标越小，越容易实现；目标越大，越容易失败。每完成一个小任务，你都会收获满满的成就感，从而会慢慢形成一种思维习惯：再大的任务，都能切分为很多小任务，这样完成起来就不会很困难。这种思维习惯必然会塑造你的行为习惯。长此以往，你对时间、任务的掌控能力和管理能力将会提升，做事情时也不会轻言放弃。

但愿各位同学都能把科学管理时间变成一种习惯，因为这是通往优秀的必经之路。

02

中学生拍“视频日志”，记录抗疫生活，感恩防疫卫士

2021 年 1 月，初二学生小彭所居住的小区，在一轮新冠肺炎疫情中成为高风险地区。按照相关规定，他和父母必须到指定宾馆集中隔离。

生活环境突然发生变化，在宾馆隔离的小彭一开始情绪有点低落。后来，他的老师、同学、长辈陆续打来电话鼓励他，他的心情才逐渐好了起来。

这天，忙完了一天的功课之后，他跟父母讨论：隔离期间，到底可以做些什么有意义的事呢？忽然，他的注意力落在了手机上，他有了灵感。

“爸爸妈妈，既然这么多人关心我们，我们要不要录

一些视频给他们？一是为了感谢他们，二是为了让他们放心。”

小彭的父母非常支持他的想法。他们说干就干。小彭负责策划视频脚本。“嗯，我们每顿吃什么，肯定要拍。我们的居住环境也要拍。有那么多工作人员和志愿者为我们服务，这个也要拍……”他一边和父母商量，一边在笔记本上认真地记录着。

很快，小彭的拍摄工作就步入了正轨。通过他的视频，大家可以看到他们所居住房间宽敞的大床、整洁的卫生间、明亮的大落地窗、一张既可以用来办公又可以用于吃饭的大桌子、一张看起来就很舒服的单人沙发等。一切都井然有序。

小彭还记录了他在休息时间听音乐、做俯卧撑、看课外书的情景。对于小彭来讲，每天最幸福的时刻是志愿者来送餐的时候。比如，他会对着镜头滔滔不绝地介绍：“今天的午餐特别丰富，有咖喱鸡块，有鱼片，还有茄子……”

当然，小彭的视频里，穿防护服的工作人员和志愿者也经常出现。小彭曾在视频里深情地说：“每当看到工作人员或志愿者不厌其烦地为我们送饭、送水、测量体温、解决各种生活问题时，我内心都十分感动。我想，好好配合他们的工作，并且搞好自己的学习，是我在隔离期间最应该做的事情。”

小彭的手机硬件配置并不高，他的拍摄水平也有限。为了让大家看到的视频更精彩，他还自学了手机视频剪辑技能。小彭的视频不仅得到了老师、同学、亲朋好友的一致好评，还得到了很多网友的认可。

在小彭的带动下，很多正在隔离的同学也开始用手机拍摄抗疫视频日记。比如，有同学跟着妈妈学会了包包子，成就感满满；有同学在家跟着爸爸健身，锻炼身体；等等。很多同学在视频中都有这样的表达：“看着防疫人员为我们忙前忙后，我发现英雄其实就在我们身边。我想通过手机镜头，对工作人员说一声，谢谢！”

合理上网，成为信息时代的网络达人

手机，这个现如今让人又爱又恨的小机器，在小彭和同学手里，变成了记录生活和感恩抗疫工作人员及志愿者的工具。一台手机，仿佛一叶扁舟，在茫茫信息海洋乘风破浪，给很多人带去祝福，让很多人安心。

为什么小彭及他的那些同学能够合理使用手机，但有些同学面对手机却难以自控，甚至沉迷网络诱惑之中无法自拔?

我认为，使用手机，最重要的是要把握好上网的“度”。

网络也好，手机也罢，并不是洪水猛兽。青少年合理上网，掌握好上网的“度”，至少有以下几大好处。

第一，可及时了解国家大事，积累写作素材

正所谓“少年强则国强”，一个关心时事新闻的青少年，一定胸怀国家、格局远大，久而久之容易树立为国家腾飞而读书的宏伟志向。从更实用的角度看，关注时事新闻、优秀人物的报道等，可以为写作积累素材。对于广大中学生来讲，看电视、通过电脑上网的时间非常有限，使用手机相对来讲则有很大的便利性。

第二，可提升信息检索能力

众所周知，互联网最大的功能之一，就是信息检索功能。当代青少年如果能学会快速地通过

互联网检索信息，其信息处理能力、是非判断能力、逻辑能力等都将有很大的提高。

第三，可进行网络学习

各大高校都在互联网上开设了慕课。据我所知，很多优秀的中学生已经自学了很多知名大学的网络课程，这为他们以后升入大学的专业学习奠定了扎实的基础。大家可以通过手机利用碎片时间进行相关学习。

第四，可掌握关于互联网的很多技能

通过互联网，还可以学习很多与互联网相关的技能，比如视频拍摄及剪辑技能、音频录制及剪辑技能、编程技能等。有兴趣的同学可以利用碎片时间通过手机自学这些技能，为自己将来行走社会积累资本。

第五，可结交五湖四海的朋友，促进社会化发展

通过手机在互联网上能结交到全国各地的朋友，由此可充分锻炼网络社交能力。我儿子米奇喜欢弹吉他和玩魔术，他经常在网络平台发表相关作品，因此结交了很多有相同兴趣的朋友。很多相关体验为他的生活打开了一片新天地。

总之，互联网可以是我们学习、成长、发展的好帮手。所以，我们要正确地看待互联网，既不沉迷，也不拒绝，坚持合理上网。这应该成为21世纪青少年面对网络的基本态度。

看到这里，有些同学可能会问：可是我控制不住自己啊，做作业时、休息时总想玩手机怎么办呢?

对于青少年网络成瘾这个话题，我还想多说几句。

2021年8月，国家新闻出版署发布“史上最严游戏监管令”：所有网络游戏企业仅可在周五、周六、周日和法定节假日每日20时至21时向未成年人提供1小时服务，其他时间均不得以任何形式向未成年人提供网络游戏服务。

尽管这个监管令让很多青少年大幅减少了使用手机和网络的时间，但仍然无法阻止一些深度沉迷网络尤其是网络游戏的同学。网络游戏的先天基因就是容易让人沉迷，让人越玩越上瘾，所以很多时候我们的自控力在网络游戏面前会一败涂地。

青少年面对网络及网络游戏时更容易成瘾，因为青少年自控力不强，全面理解事物的能力不足，同时对新鲜世界充满好奇心。

各位同学，如果你想提高网络自控力，我有几个小技巧送给你。

第一，爱上一项体育运动

体育运动既能提高身体素质、改善精神面貌，又能增加你与现实世界的联系，从而可逐步消除网络对你的诱惑。

第二，把电子设备放在家庭公共空间

逐步减少使用网络的时间，同时将电子设备放在父母房间或者客厅等家庭公共空间，可让你慢慢离网络越来越远。

第三，试着多结交现实生活中的朋友

通过兴趣爱好多结交现实生活中的朋友，并且多参加线下活动，也可让你离网络越来越远。

03

为了网红款“A4腰”，少女“错误减肥”酿大错

有一年夏天，女生晓倩的同学阿丽通过微信发了几个网络视频给她，视频内容是一些明星和“网红”在秀自己的“A4腰”。这几个视频在网上的点赞量、评论量、转发量特别大，很多人在下面纷纷留言：“我也要A4腰！太羡慕了！”

所谓“A4腰”，是指比A4纸的宽度还要窄的腰。“A4腰”是继“马甲线”“反手摸肚脐”“锁骨放硬币”等之后，网络上兴起的又一波“畸形审美”热潮。

阿丽发完视频后用羡慕的口吻说：“真希望有她们的同款腰啊……”

“你还好啦！我才胖呢，我爸都嫌弃我了，说我胖了好多……”晓倩发了这几句话后，还发了一个哭泣的表情。其实，晓倩一直对自己的身材不满意，这次阿丽发视频给她，真是戳到了她的痛处。

怎样才能拥有“A4腰”呢？从那天开始，晓倩特别留意网上很多所谓“网红”推荐的“减肥秘诀”相关视频。每每看到这样的视频，她都会认真地学习。

后来，晓倩听网络上的许多人说“不吃主食可以变瘦”，于是开始节食，不仅不吃主食，每顿饭只吃几片菜叶子，有时一天只吃一个苹果。

过了一段时间，晓倩确实瘦了一些。她虽然还是没有“A4腰”，但毕竟瘦了一些，于是引来好多女同学的羡慕。谁知，过了一段时间，她有了一些奇怪的行为。她会疯狂地吃东西，一直吃到撑得不行才会停下来。她吃多了之后，会偷偷吃泻药或想方设法把食物吐出来。此后，她会绝食几日。几日之后，她又会开始新一轮的暴食、吃泻药或把食物吐出来、绝食。

几个月之后，晓倩的身体出了很大的问题，连月经都停了。

于是，晓倩的父母赶紧带她到医院做检查。医生检查之后说，晓倩患上了厌食症以及偶发性暴食症，需要结合心理评估进行综合治疗。

“你为什么会这样？”医生问晓倩。

“我心里觉得好烦，”晓倩垂头丧气地回答，“我担心自己太胖会被同学嘲笑，因此不吃东西，但是我又饿！我好羡慕网上那些又瘦又美的女孩子……”

经过半年多的综合治疗，晓倩终于勉强摆脱了疾病的困扰。每每回想起那段痛苦的日子，她说“那简直是一场噩梦”。

之后，晓倩再也没有通过不合理、不科学的方法减肥。

建立正确的审美观，享受独特美

女生爱美有错吗？当然没错！男生爱美有错吗？当然也没错！

爱美是我们的天性，意味着我们对生活的尊重。同时，“享受自我之美”，也是自信的来源之一。

只是，一些过分夸张，甚至有些“病态”的审美观念通过互联网疯狂传播之后，一切都变得不一样了。

比如，现在网络上有些人宣扬，女生要有“A4 腰”，要有“直角肩”，还要有“精灵耳”。“精灵耳”是指通过注射玻尿酸重塑耳型，目的是让脸看上去小一点儿。而男生呢？有些男生居然在日常生活中涂脂抹粉，描眉，画眼影等。

亲爱的同学，在看这些网络视频、浏览这些网络图文时，你有没有想过是谁在利用网络制造“病态审美”？这多数是很多人为了博取关注而专门设计的宣传策略。

不明真相的青少年很容易在不知不觉中被这样畸形的审美文化“带偏”。比如，有些青少年会效仿网络上那些人对自己进行苛刻的所谓“身材管理”“容貌升级”，甚至利用不健康的方式重塑体貌。上面故事中的晓倩，就为此付出了惨痛的代价。

那么，青少年该如何抵御“网络病态审美”呢？

第一，接纳当下的自己

在生活中，很多人都很容易过于关注别人的

优点、放大自己的缺点，总觉得自己比不上别人。长期如此，我们势必失去自信，变得自卑，甚至开始焦虑。

正所谓“少年多俊美，天然去雕饰”，我们生而为人，第一件最为重要的事就是接纳自己。当下的你，哪怕脸上有颗青春痘，那也是花样年华的象征。我们要享受自己的独特美，接纳自己的不完善，理解“不完美才美”的深刻内涵。记住，在这个世界，你再平凡，也是“限量版”！

第二，多读好书，丰富心灵

阅读是丰富心灵、对抗焦虑的好办法。青少年正处于理解能力、记忆能力最佳的时期，多读好书，你会发现更有深度的美。

我希望大家读读著名美学家朱光潜先生的《谈美》。这是朱光潜先生于1932年写的一本美学入门书，他在书中谈了美从哪里来、美是什么、美的本质等问题。通过这本书，我们可以逐步理解真正的美来自人格之美、艺术之美。

此外，《美学散步》（宗白华）《美的历程》（李泽厚）《艺术哲学》（丹纳）《艺术即经验》（杜威）《叔本华美学随笔》（叔本华）等，也都是不错的美学启蒙读物，相信会给你带来美的启迪。

第三，加强体育锻炼，塑造美好的精神面貌

运动塑造美，不仅可塑造身材，还可以塑造我们的精神品质。所以，不要做“低头族”，抛开手机、iPad 等电子产品，有空多运动，你一定会发现一个更好的自己。身体是灵魂的宫殿，建造好你的“宫殿”，会让你受用一生。

PART 4

面临校园欺凌时
——锻炼应对欺凌的能力

01

在家预演“防身术”，少年用自信保护了自己

小齐正在读初二，正处于长个子的时候。过去这一个暑假，他长了将近 10 厘米。但是，他只长身高不长体重，加上平时缺少锻炼，他看上去有点瘦弱。

由此，小齐经常被周围的同学嘲笑，关于他的各种奇怪的绰号更是不断地传到他耳朵里，让他深受困扰。

这天上体育课的时候，同学张梁边跑边靠近小齐。张梁个头和小齐差不多，但是要比小齐壮实许多。他看小齐细胳膊细腿的样子，就故意在他肩膀上打了一下，然后“嗖”的跑远了。

小齐气不过，铆足了劲儿赶上去，嘴里大喊：“你干吗！”

张梁回头，嬉皮笑脸地说道："豆芽菜，跑不快，哈哈哈……"

等小齐跑上来，张梁又摸摸小齐的头，捅捅小齐的腰："我来看看，这小腰到底有多细！"

旁边几个一起跑的男同学都大笑起来。小齐被激怒了，再次发力，朝张梁追过去。张梁却灵巧地躲过，一溜烟儿地向前跑去。

这天晚上回到家后，小齐情绪十分低落。吃晚饭时，他忍不住和父母抱怨起来："为什么我这么瘦？"

妈妈不明就里，打趣道："别人还羡慕瘦子呢！怎么啦？"

"今天，张梁欺负我，说我是豆芽菜……"小齐把上体育课时的经历和父母说了一遍。

爸爸放下筷子，一字一顿地说："儿子，你听着，咱们没事不惹事，有事不怕事。"

"可是现在有事了呀，又能怎样？"小齐最烦大人讲大道理，眼里飘过一丝不屑。

"吃完饭，爸爸教你一套简易防身术。"

"不，我现在就要学！"

于是，两人都放下饭碗，来到客厅。爸爸让小齐站在自己对面，说："我教你一个三步防身法。

"第一步：用眼睛直视对方，同时语气坚定地警告对方：'你干什么？请你不要再动手，你要动手我就不客气了！'这一步的要诀是，一定要勇敢地直视对方。

"第二步（前提是对方动手了）：找机会握住对方的手臂或手腕，使出吃奶的力气暗暗和对方较劲，以此不动声色地警告、震慑对方！这种方式动静不大，但威力不小。这一步的要诀是，用力握住对方就可以了。"

爸爸一边说，一边和小齐比画起来。

"那第三步呢？"小齐问。

"第三步：以德服人，主动示好。比如，你可以这样说：'你这样做有意思吗？我们还是做朋友吧。'这一步的要诀是，与人为善，点到为止。"

小齐觉得爸爸讲得挺在理，就来劲了："我们再来练一遍吧！"

"好！儿子！我教你这套防身术，不是让你去打架。我要告诉你，被别人欺负时要学会反击，但尽量不要伤到彼此。"爸爸提醒道。

几天之后的某个下午，小齐正走在放学回家的路上，一位同学传话给他："隔壁班的大毛说，明天放学后要找你麻烦！"

当天晚上，小齐的妈妈得知此事有点儿担心，但小齐却淡定地说，他在回家的路上就想好了几条对策：

"第一，我会先礼后兵，劝他不要打架，否则学校一定会处罚他，这对他没好处。

"第二，我会和好朋友一起进出校园。必要的时候，我会用爸爸教我的防身术。

"第三，如果以上两条都不奏效，我会找大人帮忙。"

第二天，小齐放学回家后，爸爸妈妈连忙问他事情怎么样了。

小齐挺直了身板，说："他一直都没敢靠近我，放学后在楼梯口看到我，很快就躲开了。这大概是因为我学了爸爸教我的防身术后，气场变强大了吧！"

"哈哈，爸爸很有成就感啊！"爸爸边说边和小齐击掌庆贺，"不过，我们还是制订一个长期的健身计划吧！你把身体练得棒棒的，就没人敢欺负你了。"

"好嘞！"小齐应道。

面对欺凌，要学会保护自己

各位青少年朋友，行走社会，我们要保持内心的善良，但也要披上坚固的铠甲。

我们被欺负了，如果不反击，欺凌者就会一而再、再而三地欺负我们。

欺凌者一旦失去敬畏心，就会肆无忌惮、无法无天。

如果我们无法避开欺凌，那该怎么面对呢？以下是我的建议。

第一，以反抗者的姿态示人

即使我们平时比较内向、不善言辞，也要表现出“我不是那么好惹的”这种气场。一般来讲，欺凌者的心态是“欺软怕硬”。你越强硬，哪怕是装出来的强硬，对对方也是一种威慑。

第二，告诉自己“错的不是我”

很多被欺负的孩子都有一种心理，觉得自己不够好、自己有错，才会被欺负。

甚至，社会上有些人有这样一种荒谬的逻辑：“受害者之所以受害，一定是他本身有什么问题，否则受害的为什么不是别人呢？”这是绝对错误的。

我要提醒大家的是，千万不可以有这样的想法！因为，在欺凌事件中，错的永远是欺凌者。没有人可以贬低任何人，更没有人可以欺负任何人。退一万步讲，即使有人做错了什么，学校有校规校纪，国家有法律法规，谁也不能用欺凌的方式来对待他！所以，遭遇欺凌后，一定要告诉自己“错的不是我”。

第三，学会保护自己

有一个理念，“最好的防守是进攻”。结合“防欺凌”这个话题，我的理解是，我们要有自卫的能力、反击的能力，才能从根本上防止被欺凌。所以，练好身体，学点防身技能，都很有必要。

上文故事中的小齐，跟爸爸学了一套简易防身术，这样的学习非常重要，让他预习了应对欺凌的办法，并且也真的帮到了他。

所以，我建议大家适当地学习一些可保护自己的方法，以备不时之需。

第四，多结交一些朋友

就像猛兽会攻击落单或受伤的动物一样，欺凌者也容易盯上落单的同学。所以，我们可多结交一些朋友。这不仅有助于我们社交能力的提升，也可让我们远离欺凌。再脆弱的群体，若形成合力，也能抵御强敌。

记住，没事不惹事，有事不怕事。面对霸凌，放下怯懦，用勇气和智慧大胆应对！

02

韩国女排名将因年少时欺凌同学，被永久停赛

在韩国排球圈，有一对“最美姐妹花”——李在英和李多英。她们的父母也曾是韩国体育名将。

李在英、李多英姐妹曾是韩国国家女子排球队主力成员，姐姐李在英是主攻手，妹妹李多英为二传手。两人长得清纯可爱，再加上在赛场上表现十分出色，一度成为韩国排球界的“超级网红”。

她们本有机会代表韩国出征东京奥运会，但是这一切在 2021 年 2 月打上了休止符。

2021 年 2 月 10 日，一篇名为《我是曾经遭受现役女排选手虐待的受害者》的文章在韩国引起轩然大波。这篇

文章矛头直指李在英、李多英姐妹。

文章讲述了很多李氏姐妹在校期间欺凌同学和队友的事情。此后，又有其他受害者站出来，指证这对双胞胎姐妹就是当年的校园欺凌者。不少受害者依然活在当年留下的创伤之中，而这么多年以来，李在英姐妹连一句道歉都没有。

此事一经爆出，韩国上下一片哗然。李在英姐妹立即承认自己的过错，并手写道歉信，向当年被自己欺凌的同学道歉。

舆论反响很大，李氏姐妹很快被停赛。韩国民众怒气难消，他们认为李氏姐妹的道歉于事无补，他们不希望这样的人代表国家参赛。

之后，韩国排球协会正式发布声明：考虑到事态的严重性，无限期剥夺李在英、李多英姐妹参加国家队选拔的资格。

不被别人欺凌，也不欺凌别人

对于这个事件中勇敢站出来揭露真相的受害者，我要为他们鼓掌！

要知道，受过欺凌的人，内心将遭受重大创伤。他们往往要克服重重压力，才能勇敢站出来揭露欺凌者的行为！

我们身边也存在校园欺凌。

2019 年的高票房电影《少年的你》，几乎全景式再现了校园欺凌的社会现象。从往同学凳子上倒红墨水，到放学后的围殴；从体育课上用排球打人，到楼梯间的故意推人；从公然在街上追打，到脱掉女生校服录制裸身视频……电影中逐步升级的校园暴力，令人不忍细看。

校园欺凌有以下几个特点：

一、欺凌行为不仅仅是指严重的肢体暴力行为，还包括言语攻击、人际交往中的孤立和排挤（冷暴力）等。

二、欺凌行为常常是持续不断存在的。

三、欺凌者比起被欺凌者，在年龄、力量、地位等方面更有优势。他们可能是一个群体，可能是受某种力量庇护或纵容的个人。

说到校园欺凌，我们不仅要保护好自己，使自己免于校园欺凌，更要严格要求自己，以免一不小心成为欺凌者，从而伤害到别人。

青少年如何避免自己成为欺凌者？我有如下建议。

第一，拒绝“侥幸心理”

“我只是欺负欺负他而已，谁能把我怎么样？”

“我只是让同学们不和他玩而已，这有什么大不了的？”

“我只是欺负了他一次而已！”

……

这样的行为都可能是欺凌。一定要警惕这样的“侥幸”，否则有可能积小错成大错。

第二，不可挑战法律

小小年纪就开始迷恋欺凌、暴力、强权等，那长大后更可能违法犯罪。挑战法律必将付出惨重的代价。我们从小一定要做个遵纪守法的好孩子。

第三，小心同伴唆使

在校园欺凌中，有相当一部分青少年因同伴唆使，从而迫于压力跟风欺凌其他同学。我们一定要明辨是非，遇到同学实施欺凌行为，要适当劝阻，或寻求大人的帮助，而不是跟着干傻事。

记住，拒绝无理的要求，不是漠视友情，恰恰是在挽救你和你的朋友。

03

面对不公平对待，女孩勇敢说“不”

小林小时候得过一种皮癣，脸上留下了一些斑驳的红色印记。因此，她比较内向，甚至有点自卑。

上中学之后，她住校了。开学第一天，寝室长小 A 说：“关于寝室的卫生工作，我们大家分一下工吧。”

小林被分配到的工作是打扫卫生间。她觉得有点吃亏，但随即这样自我安慰：“这个工作肯定是大家轮流做，我先做也没关系。”

日子一天天过去了。小林问小 A：“什么时候轮到下一位同学打扫卫生间？”她得到的回答是：“要不你问问其他同学？”但是，大家都说：“小林，你做得很好，就继续打扫吧。”

一个周末，小林回到家后，妈妈问她：“你最近怎么样？新环境怎么样？学习紧张吗？和同学相处得好吗？”

小林沉默了。

“怎么了？”妈妈觉察出异常，轻声问。

小林沉默了很久。

“无论你在学校遇到什么事，都可以告诉爸爸妈妈。爸爸妈妈是你坚强的后盾。”妈妈温柔地说。

小林得到鼓励，终于把自己的困惑和盘托出。

听小林说完后，爸爸说：“女儿，你可以要求寝室的同学轮流打扫卫生间，这是每个人的义务。这是你的正当请求！大胆去说，我们都支持你。”

在爸爸妈妈的鼓励下，小林终于知道自己该怎么做了。

这天晚上，大家回到寝室后，小林鼓起勇气对室友们说：“我提议，大家轮流打扫卫生间！我们可以三天一轮班，或者一周一轮班，我们一起来讨论一下！”她说这话时，眼神坚定，语气不容置疑。

后来，寝室的同学都接受了小林的“建议”，排好了

值日表，轮流打扫卫生间。

通过这件事，寝室的同学感受到了小林身上散发出来的笃定、自信，都很愿意和她做朋友。

于是，久违的笑容又回到了小林的脸上。

遭遇不公平，勇气是最佳的武器

故事中的小林，在父母的支持下，终于学会勇敢地在室友面前表达自己的诉求，拒绝不公平的待遇，最终赢得了室友的尊重。

面对一些不公正的待遇，我们如何坚定地捍卫自己的权利和尊严，做一个不卑不亢的人呢？

第一，分辨一下到底是谁的错误导致的

当你遭遇不公平时，请尽快放下沮丧，分辨一下当下的状况到底是谁的错误导致的。以小林

的故事为例，寝室打扫卫生的任务分配不均，是谁的错误导致的？这当然是寝室长甚至所有室友的问题。如果不注意分辨，我们很容易陷入自我怀疑：是不是我不够好，他们才会欺负我？

第二，直面问题，而不是逃避

生活中，我们遇到不公平的待遇，常常不敢说“不”，可能是为了获得群体的认可，也可能是害怕被讨厌、被孤立。可是，你越这样，反而越容易遭遇不公。所以，解决这种问题最好的办法就是——直面问题。

美国作家、心理医生斯科特·派克在他的畅销书《少有人走的路》中说，人生是一个不断面对问题并解决问题的过程。问题可以开启我们的智慧，激发我们的勇气。

以小林的经历为例，如果她选择逃避问题，这个问题就会一直存在，她甚至可能遭遇更多类似的问题。后来，她选择直面问题，提议所有人轮流打扫卫生间，她的困扰就此消失，她也在这段经历中获得了成长。

学会以上两个方法，你将更有勇气面对很多人际困境。然后，你会发现，因为你的改变，你周围的人和事都将随之改变！

PART 5

身陷可能被侵犯的风险之中时

——建立边界意识，提升自我保护能力

01

考试没考好，老师让她去宿舍“谈谈”

高一女生小琪，和妈妈无话不谈，她就像妈妈的闺密一样。

有一次，小琪和妈妈一起看电视，看到电视正在播放某校老师猥亵女学生的新闻，就随口问妈妈：“妈妈，我们学校应该不会发生猥亵这种事吧？”

“妈妈觉得，虽然你暂时没遇到这种事，但这并不代表你将来永远碰不到……”妈妈抿了抿嘴，“我给你讲个故事吧。故事的主人公是一个正在读大学一年级的女孩，我就叫她小高吧。”

“小高？她和您一个姓……”小琪疑惑地说。

妈妈苦笑了一下，讲起了小高的遭遇。

期末考试的成绩出来了。看到自己的数学成绩，小高心凉透了。她考试那几天正在发烧，因此昏昏沉沉地考了个不及格。

第二天，班长告诉小高："你数学考试没及格，王老师让你去他宿舍找他。"

小高的心一沉：怎么办？老师肯定要批评我了，我该怎么办？

然而，小高还是鼓起勇气，按照约定的时间敲响了王老师宿舍的门。

王老师正坐在书桌前写东西，他示意小高在旁边的沙发上坐下。

"你怎么了？你这次数学考试没考好！"王老师开门见山地说。

"王老师，我……我这次考砸了。我那几天正在发烧，但我尽力了。下次，我一定努力。"小高有些羞愧地说。

王老师放下笔，走到小高面前，轻轻拍了拍她的头，然后说："老师理解你。你一直很上进，你的努力老师也看得到。”

听到王老师的安慰，小高感觉他就像自己的一个长辈，心里暖暖的。

“王老师，我能补考吗？我真的不想挂科。爸爸妈妈肯定会伤心……”小高鼓起勇气问。

“补考嘛……有点难啊……你这个挂科的事情，真的挺棘手的。”王老师突然严肃起来，紧蹙眉头。

小高慌了神：“那我怎么办呀？”

王老师紧挨着小高坐了下来。他把一只手放在小高的肩膀上，语气缓和下来：“其实，我注意过，你上课很认真……”他一边说，一边竟然又把那只手放到了小高的大腿上，并说：“老师其实很欣赏你……”

小高一下子僵在那里，头脑里一片空白。

王老师见状变本加厉地说道：“哎呀，你不要紧张。你这样子，老师都不知道该怎么办好了。其实，老师真的挺喜欢你的……”

小高浑身不由得颤抖起来，只想赶紧逃开，但是她的两条腿像生了根，完全动弹不得。

正在这时，有人敲门。王老师停下手，好像什么事都没发生过一样，平静地问："你说吧，你想要多少分？"

趁着这个机会，小高用尽所有的力气站起身，飞一般地逃了出去。

小高跑到校园里一个无人的角落，放声大哭起来。她不断地问自己："他为什么这样对我？是不是我做错了什么？"

小高回到寝室后，在浴室一遍又一遍地用水冲洗自己的身体。然而，她内心的羞耻感始终挥之不去。

从此之后，小高的性情发生了很大的变化。她变得沉默不语，见到身边的异性都会绕道而行，每次看到王老师都特别紧张。每次上数学课，她总是坐在教室最后一排。

相当长的一段时间，一直萦绕在小高心头的一个困惑是："我到底做错了什么？他为什么要这样对我？"

小琪默默地听完妈妈的讲述，然后抬头问："妈妈，这个小高是不是……"

"是的，就是我！"妈妈迎着女儿疑惑的目光，鼓起勇气说，"如果有机会和20年前的那个'我'对话，我一定会大声告诉'她'：'小高，做错事的是那个道貌岸然的

王老师，不是你，你是受害者。你不要害怕，应该在第一时间反抗。你姑息坏人，只会纵容对方做更多的坏事。'”

说到这，妈妈握紧小琪的手，并用坚定的语气对她说：“宝贝，万一你以后遇到类似的事情，一定要勇敢地反抗，保护好自己。你也要第一时间告诉爸爸妈妈，我们都是你的后盾，一定会保护你、支持你！”

小琪用力地点点头，给了妈妈一个久久的拥抱。

青少年社会情商课

警惕人际交往中的越界行为

这是我的受访者高姐的亲身经历。她花了20多年时间才慢慢治愈了心里的伤，才有勇气告诉女儿自己曾经的遭遇。

她后悔的是，当时迫于各种压力，没有采取任何行动。她常想，是不是还有其他女生也曾有过类似的遭遇？

借着这个故事，我要告诉大家，一定要警惕人际交往中那些越界行为。当以下情形出现时，你要在脑海中亮起“警灯”。

第一，当有人莫名关心你时

当你不认识的人，或者平时和你不怎么熟悉或亲近的人莫名其妙地过分刻意地关心你时，你要保持警惕。比如，对方也许会问你“你冷不冷啊？”“你饿不饿啊？”“你要不要吃零食啊？”“你开不开心啊？”等。这时，你一定要清醒地问问自己：他为什么这么关心我？他是不是有所企图？这种关心是否超出了正常范围？等等。

第二，当有人邀请你到他相对私密的空间时

当你不认识的人，或者平时和你不怎么熟悉或亲近的人以各种冠冕堂皇的理由，邀请你到他的办公室、家里等相对私密的空间时，你要果断说“不”！因为，任何事情都可以在公开场合洽谈。一个要求和你在私密空间见面的人，很可能另有企图。如果你因抹不开面子而赴约，等待你

的可能是一场让自己追悔莫及的“灾难”。

第三，当有人有意无意地触碰你的身体时

当你不认识的人，或者平时和你不怎么熟悉或亲近的人有意无意地触碰你的身体时，比如拍你的肩膀、摸你的头等，你要特别警惕，要立即拉大与对方的空间距离。如果你害怕得罪对方，不敢反抗或逃离，对方可能会得寸进尺，触碰你身体的其他部位，甚至做出更出格的行为。

第四，当有人承诺给你一些好处时

当你不认识的人，或者平时和你不怎么熟悉或亲近的人承诺给你一些好处时，你要特别注意。因为，这样的人往往也会暗示“你应该知恩图报”。

同学们，千万要记住:“天上不会掉馅饼。”当有人突然给你一个“馅饼”时，这“馅饼”里

很可能藏有“毒药”。

有个数据特别值得注意，侵害未成年人的坏人，超过70%是未成年人的熟人。这些人多数会使用诱骗、假装关爱、讨好等手段，或者综合这些手段对未成年人进行心理操控。

各位亲爱的同学，你们一定要记住：在与人交际的过程中，即便对方是你熟悉的长辈或师长，也要注意保持身体界限。一旦对方越界，你心里的“警灯”就要亮起，要果断、迅速地离开现场，及时寻求大人的帮助。然后，你要消除心理上的羞耻感，勇敢地指证对方。错的不是你，而是对方，该感到羞耻、受到惩罚的人是对方！

他被数学名师侵犯私处之后……

15 岁的亮亮是某市一所中学的学生。

这所学校的 Z 老师是全国闻名的数学名师。他辅导的学生，曾经多次在国际数学竞赛中拿到金牌。有不少学生之所以报考这所学校，就是希望能够成为 Z 老师的学生。

这天，Z 老师说要把亮亮带到家里“单独辅导”他。亮亮以为这是老师对他的器重，所以想也没想就跟着老师回家了。

Z 老师先和亮亮讲了他对数学竞赛的理解，以及他做的训练计划。他们的谈话快结束的时候，Z 老师用关切的口吻说，学习是一项艰苦的任务，要吃得起苦，身体也必须好。他表示，自己以前做过一段时间医生，想帮亮亮检查一下身体。

然后，Z老师拿出一个听诊器，听了听亮亮的心脏。接着，他要求亮亮把裤子脱了，并说要检查他的私处。

亮亮虽然有点吃惊，但是转念一想：“老师做过医生，帮我检查身体也是为我好，我别想多了。”于是，他就按老师说的把裤子脱了。

有一次，他们班几个男生一起聊天时，一个男生提到了Z老师的古怪行为。大家这才震惊地发现：受害者并非只有自己！

然而，他们并不敢将这件事告诉别人。Z老师是一个有着完美光环的名师，他们认为应该不会有人相信他们的话，只会引来新的麻烦。所以，他们一起心照不宣地保守了这个秘密。

后来，亮亮忍不住和妈妈说了这件事。亮亮妈妈觉得事态严重，立马向学校反映此事，同时报了警。

男孩也可能被性侵

男孩也可能被性侵，这是不容忽视的现实。

据相关研究，无论遭遇哪种方式的性侵，男性平均要花 26 年的时间才能走出性侵带来的阴影，才能勇敢说出自己曾经的遭遇。

性侵男孩的往往是熟人，比如受害者的小伙伴、亲戚、老师等。因为与受害者熟悉，他们才有机会近距离接触受害者。他们的性侵方式也更隐蔽。比如，他们可能会说："让我来看看你发育得好不好。""你的皮肤很白，是不是全身都这么白？”“你已经长大了，我来教你做一些事情。”等等。

男孩被侵犯后，心理伤害影响十分深远。

第一，容易产生耻辱感

一般来讲，男孩被性侵后不仅不敢告诉别人自己的遭遇，反而可能产生深深的自责、自我否定、耻辱感等。事实上，他们才是真正的受害者。

第二，容易被人误解，从而产生更大的心理负担

被侵犯后，有些男孩会选择告诉别人。然而，很多男孩容易因此遭遇误解，甚至讥讽，因为在很多人眼里，“男孩是不会吃这样的亏的”“男孩因为这点事情伤心真是小题大做”……男孩因此容易产生更大的心理负担。

第三，对性的认知容易发生扭曲

遭受性侵的男孩在生活中容易失去安全感，对性的认知可能发生扭曲。

各位同学请记住：任何让你感到不舒服、不正常的身体接触，你都有权利拒绝。一旦被侵犯，请第一时间寻求家人的帮助！

03

面对被性侵的风险，她机智地保护了自己

安迪是一个正在读高二的女生，她热爱运动，还学过防身术。

今年暑假，她报了一个雅思考试培训班。在培训班，她结识了陆老师。很巧的是，陆老师是安迪表哥的好朋友。

陆老师对安迪非常热情，甚至主动帮她补了几次课。一来二去，安迪和陆老师渐渐熟悉起来，甚至成了无话不谈的朋友。

暑假快结束时，陆老师发消息给安迪，说要约她和她表哥一起喝下午茶。出于礼貌，安迪去了。

然而，到了咖啡馆后，安迪才发现只有陆老师一个人

在。并且，他订了一个包间。

陆老师说是要喝下午茶，但他还点了十几瓶啤酒，而且他在等安迪的时候已经喝了不少。

“陆老师，我表哥怎么没来啊？”安迪有点儿不解地问。

“哦，对了，你表哥刚才跟我说，他有事不来了。”说这话时，陆老师并没有看安迪。

之后，他接着说：“安迪，我发现你英语语感特别好，并且你最近进步飞快！”边说着，他边朝安迪这边挪了挪。

“谢谢陆老师，多亏了您的指导。”安迪赶紧道谢。

不知为什么，安迪心里总觉得有点儿怪怪的：为什么要在包间喝下午茶？为什么点了这么多酒？为什么表哥没来？

“陆老师，您今天找我，有什么事吗？”安迪开门见山，很想找个机会尽快离开。

“没什么事啊，就是跟你聊聊天。你平时学习压力挺大吧！”陆老师笑道。

“嗯，现在学习压力是挺大的！您要没其他事，我想

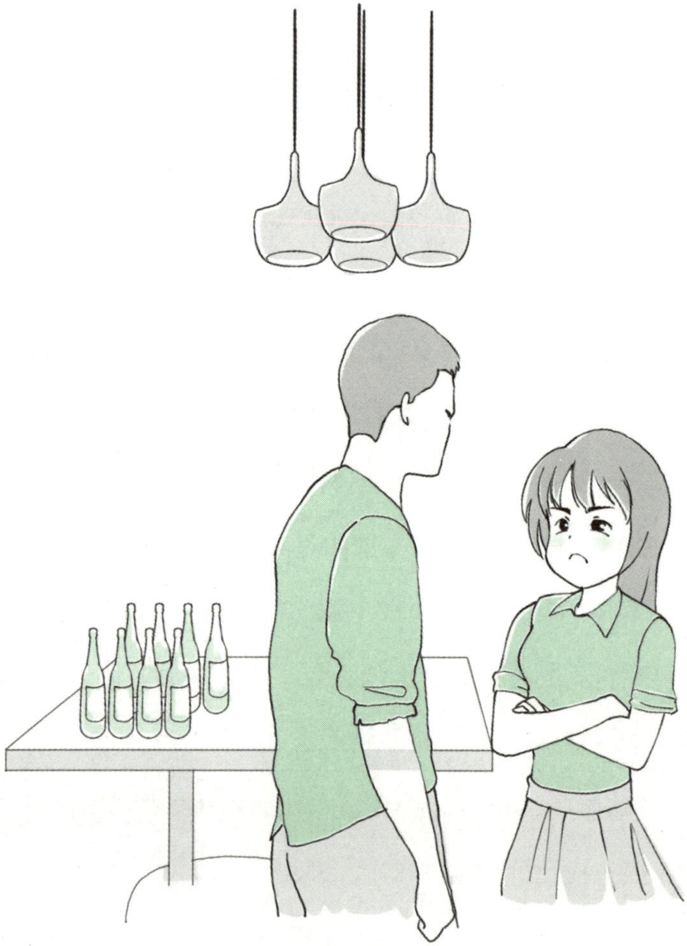

回去做功课了。”安迪说完，起身想往外走。

陆老师忙站起身：“别走嘛，来都来了！”

在安迪就要打开房门之时，陆老师竟然直扑过来，抱住了她。

安迪又惊又怒，本能地开始反击。她原本学过女子防身术，这时总算是有了用武之地。她迅速还击，并要求他立即住手、远离自己，然后找机会打开了包间的门。

陆老师还想继续纠缠。安迪于是大喊：“服务员，服务员！”

服务员循声而至。

安迪夺门而出。

坚持锻炼身体，有助于我们远离伤害

不得不说，面对被侵犯的风险时，安迪的这一系列行动堪称“教科书级别的自救”。

首先，她到达咖啡馆后发现要和一名异性共处一室，于是开始保持警惕。

其次，当对方想要侵犯她时，她迅速进行反击，进行自救。

最后，她找准时机，开门呼救，寻求其他人的帮助，并趁机逃离了现场。

大家发现了吗？安迪在自救的过程中，没有

任何迟疑，她的自救几乎是本能反应。正是这些行动让她全身而退。但凡她犹豫一下，稍有慌乱，结局可能完全不同。

我一直提倡，日常生活中，青少年要加强体育锻炼，或者适当学一些防身术。这样做至少有以下几个好处。

第一，有利于身体和大脑和谐发展

学习之余加强运动，好处非常多！

研究人员发现，青少年经常运动，特别是经常做有氧运动，能够让大脑很多区域的灰质增多，从而有助于学习、模仿、记忆、运动等能力的发展。研究人员还发现，青少年大脑灰质的变化不仅会影响学习成绩，还会影响未来的社会性表现。

第二，遭遇意外时更有能力自救和求救

经常运动的人，身体柔韧度、灵活度比较好。

而且，锻炼能提高体能，增强身体的爆发力。显然，这样的人遭遇意外时，更有能力自救和向别人求救。

第三，有助于培养自信和坚毅的气质

经常运动的人，通常更自律、更能吃苦，举手投足间会散发出自信和坚毅的光芒。这样的人遭遇欺凌和性侵的可能性相对更小。

最后，我还要提醒各位同学，不管遇到什么样的状况，一定要冷静应对。冷静会让你智商一直“在线”。否则，你若十分慌乱，很可能错失自救或求助的最佳时机。

PART 6

生命安全遭遇危机时

——提高生命安全意识，学习生存技能

被困电梯 5 小时，少年机智应对

这天，放学之后，初三学生小孙回到自家所住小区。他乘电梯上行到四楼时，电梯突然停滞不动了。情急之下，他想到以前学过的电梯自救常识，于是快速按下电梯内每一楼层的按键，以防止电梯下坠。然而，电梯按键都没有反应。

怎么办呢？小孙赶紧想办法自救。打电话？可是，他正巧没带手机。大声呼救？但楼梯间没有人经过。这幢楼每个单元都有两部电梯，其他人可能都坐另外一部电梯了，他想。

电梯的两扇门之间有一条小小的缝，要不把门扒开钻出去？但他突然又想起，强行开电梯门是非常危险的！如果电梯突然坠落，可能危及自己的生命！

小孙在脑海里把自己能想到的所有自救办法都分析了一遍，然后又全盘否定。之后，他试着呼救了好几次，但外面没有半点儿动静。

无奈之下，他急中生智，写了一张求救纸条，从电梯门缝塞了出去。他在纸条上写道："我被困在电梯里面了，帮我打一下消防报警电话。"

所有能做的他都做了。接下来，他只能冷静地等待。

怎么打发时间呢？他坐在书包上，将书本放在腿上，把当天各科该背的内容默背了好几遍。眼看电梯门还是没开，他索性把作业拿出来，将当天老师布置的作业全部做完了。

大约等了 5 个小时，小孙听见楼道里有脚步声。没多久，消防员在外面喊话，让他不要靠近电梯门，后退到里面。接着，他们开始用铁棍破门。将电梯门撬开一条缝后，消防员用身体把门撑开，然后用手把着门将小孙从电梯里救了出来。

小孙得救了！除了消防员、父母、邻居等，小孙还看到了楼道里站着的老师和同学。

后来，小孙才知道，在他“失踪”的这5个小时里，他的父母、邻居、老师、同学可急坏了。他的父母不仅联系了学校，还报了警。

很多邻居、同学都来帮忙寻找。有个邻居是警察，领着大家一个楼层一个楼层地找，最后才怀疑小孙可能被困在了电梯里。

事情发生后，人们送了小孙一个称号——“机智淡定哥”，因为他被困在电梯里之后，不仅能冷静自救，竟然还把作业写完了。

适当掌握一些电梯安全常识

电梯是楼宇“交通工具”，和我们每个人的生命安全息息相关。

因为不懂电梯相关安全知识，很多人在乘坐电梯时遭遇了不幸。曾有媒体报道，一个13岁的男孩乘坐电梯，电梯运行至6层和7层之间时突然停止。男孩又是按警铃，又是拍打电梯门，又是按“紧急通话”按钮求助，但没有得到任何回应。之后，男孩在电梯里进行自救，他用一把长柄伞撬开了电梯门，然后试图钻出去，不幸意外身亡。

我想在这里告诉大家，如果被困在电梯里，一定要冷静，不要妄动，要以不变应万变，等待专业救援。

被困在电梯里，最重要的是及时寻求专业救援，而不是所谓盲目自救。

一般来讲，被困在电梯里后，我们可以这样求助。

第一，按电梯内的警铃求救。一般警铃会连接到物业中控室。

第二，按警铃若无效，可拨打电梯维修部门的电话，同时打电话给家人求助。

第三，若情况紧急，请直接拨打119消防报警电话。

即使上述方法都无效，也不要自己撬电梯门，更不要在电梯里跳。可以间歇性地呼救或轻轻拍打电梯门，并冷静等待。

务必记住，电梯不是密闭空间，没有窒息危

险。可以靠着电梯内墙，时不时调整呼吸。

如果电梯高速下坠，保护自己的最佳方法是：迅速把每层楼的按键都按下；整个背部和头部呈一条直线紧贴电梯内墙；双腿膝部轻微弯曲；踮起脚后跟。如果电梯里有扶手，最好紧握扶手。

一般情况下，电梯发生故障后，一定会引起相关专业人员的注意，他们会第一时间来解决问题。切不可因一时情急，做出不安全的举动。

日常生活中，一定要多学习一些专业的电梯相关安全常识，以备不时之需。

老人街头病危，15 岁少年上演“教科书式”救人

这天晚上 8 点多，高一男生小盛正走在回家的路上。

彼时，60 多岁的王老伯刚参加完一场老同学聚会。王老伯一行人一边互相道别，一边陆续走出饭店。

突然，王老伯一阵抽搐之后，一头栽倒在地。旁边的人个个吓得手足无措，其中有几个老人甚至急得哭出了声。

这一幕正好被路过的小盛看到。他立马走上前，先用海姆立克急救法帮助王老伯。看到王老伯没有吐出食物，他初步排除了王老伯被食物噎住的可能性。

小盛发现王老伯身下有液体流出，他由此判断王老伯已经尿失禁！此后，他发现王老伯脉搏微弱，体温也越来

越低。据此，他判断，王老伯很可能发生了心脏骤停！

小盛在学校学过很多急救知识。他迅速在脑海里搜索相关的急救知识。然后，他沉着地疏散开围观人群，解开王老伯的上衣，随即开始为老人做心肺复苏。

要实施心肺复苏术，不但需要专业的体外按压手法，还需要很好的体力。幸运的是，小盛不仅很好地掌握了体外按压手法，而且平时喜欢运动，体力很好。

经过小盛五六分钟的连续按压，王老伯奇迹般地有了自主呼吸！

周围的人激动地欢呼起来。与此同时，120 急救车正好也赶到了。

王老伯被送到医院后，在专业医生的帮助下很快恢复了健康。

后来，人们才知道，小盛从小就喜欢医学，看过不少医学书籍，在学校学习过很多急救知识，曾参加过心肺复苏和救护包扎技能专业培训。

适当掌握一些基本的生存技能和急救常识

除了对生命的敬畏和尊重以外，小盛还有一份浓浓的社会责任感。这在当下特别值得提倡。

在这里，我想重点谈谈生命教育中一个很重要的内容——生存技能的学习。

在上面这个故事中，小盛掌握了不少急救知识，并且在危急时刻把学过的知识变成了真正的救人技能。从“知道”到“做到”，这是非常不容易的跨越，小盛做得非常棒。

下面，我来介绍一下日常生活中最重要的三

种急救方法。大家有兴趣的话可以在专业人员的帮助下好好学习一下。

第一，海姆立克急救法

这种急救法非常知名，是美国医生海姆立克发明的。1974 年，他首先用这个方法成功抢救了一名因食物堵塞呼吸道而发生窒息的患者。从此，这种急救法在全世界被广泛应用，拯救了大量患者。

虽然故事里的王老伯并不是因为食物噎住而栽倒在地，但小盛还是在不知情的情况下迅速用海姆立克急救法排除了他因食物噎住而倒地的可能性。

就在最近，我看到两则新闻，都和海姆立克急救法有关。

一则新闻是，一个青年在火锅店吃饭，突然被食物噎住，一时上气不接下气，旁边有一位女士懂得这种急救法，及时对他实施了救助。

另一则新闻是，一个小女孩被一颗糖果堵住了呼吸道，情况十分危急。小女孩的父亲临危不乱，立即用这种急救法对她进行了救助，她最终获救。

在生活中，急性呼吸道异物堵塞的情况并不少见，严重的情况可能致人死亡。如果有兴趣的话，大家可以学学这种急救法。

第二，心肺复苏术

心肺复苏术简称CPR，是针对骤停的心脏和呼吸采取的救命技术，目的是恢复患者的自主呼吸和血液循环。

故事中的小盛因为懂得基本的医学常识，判断王老伯有心脏骤停的情况，于是运用学过的心肺复苏急救技能，成功抢救了王老伯。

心脏骤停的患者如果无法及时获得抢救，可

能会立刻失去生命。

第三，AED 急救法

资料显示，我国每年发生心脏猝死的人超过 50 万，相当于每分钟约有 1 人发生心脏猝死。一旦患者发生心脏骤停，4 分钟以后的存活率将急剧下降，大脑也将遭受不可逆的损伤。

在这黄金 4 分钟内，除了拨打急救电话和进行心肺复苏，如果条件允许，我们还可以使用 AED 设备对患者进行抢救。AED 设备即自动体外除颤器，是一种能够自动识别异常心律并给予电击除颤的急救设备。用 AED 设备抢救心跳骤停患者的成功率远高于徒手心肺复苏。

AED 设备最大的特点是，使用者不需要具备特别专业的急救背景，只要接受一定的培训即可。

如有可能，大家可以像故事中的小盛一样，多学一些专业的急救知识。在这样的学习过程中，以及在帮助别人的过程中，我们更能体会生命之珍贵，也将更加爱惜自己的生命。

最后，我要强调的是，无论在什么情况下，无论是自救还是救人，都要保护好自己。

03

面对奶奶的离世，他这样走出悲痛

小杰今年 14 岁。爸爸妈妈从他很小的时候起就常年外出打工，他和妹妹基本上是奶奶带着长大的。

今年，小杰中考之前，原本只有每年年末才回家的爸爸妈妈从外地回来了。为了让小杰安心准备考试，中考前两周，爸爸妈妈让他住在学校附近的一个亲戚家里。

考试结束后，小杰回到家发现朝夕相伴的奶奶竟成了黑色相框里的一张照片。原来，奶奶不久前摔了一跤，没过几天就过世了。

父母担心影响小杰考试，就没告诉他奶奶过世的事。

后来，小杰听姑姑说，奶奶临终前最想见的就是他。听到这里，小杰忍不住泪如雨下。

“为什么不让我见奶奶最后一面？”小杰问妈妈。

“我们怕影响你考试啊，奶奶也不想影响你。”妈妈回答。

“不，你们瞎说，你们根本不理解！”小杰重重摔上门，把自己关在房间里。

后来，姑姑一直在外面劝他：“小杰，你这样下去，奶奶要是还在的话肯定也会伤心的！”

听姑姑这样说，小杰走出了自己的房间。但是，他特别害怕一个人去奶奶曾经住的房间。他总感觉那个房间里有奶奶的影子。此外，他常常在半夜里从睡梦中惊醒。他太思念奶奶了！他不知道怎样才能从失去奶奶的悲痛中走出来！

后来，小杰找到学校的心理老师求助。经过心理老师长达几个月的开导，他终于能够面对奶奶的死亡了。他还在心理老师的建议下，给奶奶写了一封信，诉说自己对她的思念。他把这封信和奶奶的一件衣服一起锁在了一个小箱子里，他想永久珍藏。

当有亲人逝去，我们要学会面对

不幸遭遇亲人的离世，我们该如何面对呢？我们首先要告诉自己，生老病死是自然规律，人的生命只有一次。正因如此，我们更要珍惜生命，热爱生命。

那么，如何缓解亲人离世带给我们的痛苦呢？方法有很多，我推荐几个。

第一，写封信给逝去的亲人

正如上文故事里的小杰所做的一样，可以给

逝去的亲人写封信，诉说自己的思念。

第二，设立一个纪念日，缅怀去世的亲人

我有个朋友，他们家有一个传统，在纪念奶奶去世的日子做“奶奶饼”，以此缅怀他们喜爱的奶奶。这个方法值得一试。

第三，开个小型追思会

可以搜集、整理过世亲人生前的相关事迹，并邀请一些亲朋好友，在家里开一个小型追思会，以此缅怀逝去的亲人。

PART 7

面对金钱诱惑时

——树立正确的金钱观和消费观

因为“及时享乐”，刚上大学的他竟然负债十多万元

这天，李明鼓足勇气梳理了一下自己的欠款账单。他在七八个网贷平台借过款，透支了 3 张信用卡，还欠老同学许多钱，他一共负债 103000 元！

“天哪，我怎么欠了这么多钱！”李明浑身不停地颤抖。

看着这“天文数字”，李明陷入了回忆。

早在读初三的时候，因为中考压力，他养成了吃零食的习惯。

上高中后，他吃零食的不良习惯越发变本加厉，以致他的体重两年之内增加了 40 多斤！

上大学之后，他遇到了新的挑战。面对新的环境、新的人际关系、新的学业压力，他有点不知所措。如何为自己减压呢？他发现花钱可以让自己暂时忘掉很多烦恼。

每次，当把钱花出去买到自己心仪的东西时，李明都特别享受，感觉压力和烦恼一股脑儿地烟消云散了。

随着李明花钱越来越大手大脚，家里给的零花钱越来越满足不了他的需求了。很偶然的一次机会，他接触了网贷。第一次贷款，他毫不犹豫地就贷了1万元。

手里有了钱，李明感觉自己走路生风，腰板都直了好多！

看到家境好的同学买高档电脑，李明想：有啥稀奇的？我可以贷款买。

看到班上有同学换了新手机，李明想：我不能被他们笑话——还用这么老土的旧手机，我可以贷款买。

寝室一个同学买了一架无人机，李明想：我可以贷款买啊！

……

有一段时间，李明仿佛掉入了这种及时享乐的怪圈，简直有点上瘾。

再后来，李明常常混迹于各大网络直播平台的直播间。他发现，那些打赏排名靠前的人，非常受主播重视。主播经常播报这些打赏者的名字，会感谢他们，甚至会跟他们在直播间聊天。

李明想：我可以贷款打赏主播啊！

多少个夜晚，李明到各个直播平台打赏主播，与此同时享受着各个主播对他的“尊敬”和“重视”。对李明而言，这种感觉真是太好啦！

然而，他究竟花了多少钱，他并不知道，也不敢细算。

贷了这么多款，该怎么还？李明好像从来没有想过这个问题。

慢慢地，李明被各种网络贷款深深地套牢。他甚至透支了3张信用卡。眼看着欠款越来越多，他陷入了一种惶惶不可终日的境地。

每天无数个催收电话，简直让李明无法忍受。他几乎每天都处于失眠状态，根本没有心思学习。

无奈之下，李明把这个压在心底的秘密，告诉了自己的好友小张。小张也没有经历过这样的事，不知道如何帮助李明，只好建议他向家人求助。

李明起先并不打算把这件事告诉父母，他怕自己的行为让父母伤心、失望。但是有一些网络贷款平台为了让李明尽快还款，使出了各种招数，其中有些催收方式甚至可能危及李明的人身安全。同时，李明也通过各种媒体了解了网络贷款的风险，尤其是非法网络贷款的风险，而他贷款的平台中有一些可能是非正规平台。

李明意识到自己无法应对之后，只得向父母坦白了一切。

青少年社会情商课

管理欲望，拒绝过度消费

有些人虽然没什么钱，却过着有钱人的生活。他们中的很多人认为，有了贷款这个利器，今天能花明天的钱。真的如此吗?

相关机构的调查研究显示，80% 的年轻人在使用信贷产品。

我在某网络平台看到过一个叫作“负债者联盟”的讨论小组，参与讨论的人大多数是背负几万元、几十万元甚至几百万元债务的年轻人。因为欠债，他们的人生发生了巨变。他们互相鼓励，希望能早日还清贷款。

有一个男孩读大学时贷款20多万元用于日常消费。最后，全家人到处借钱帮他还贷。结果全家人省吃俭用，用了整整4年才还清了所有欠款。

为什么现在有这么多年轻人会陷入靠借贷过日子的窘境?

很多年轻人囊中羞涩，没有固定收入，但又有源源不断的消费欲望，同时不好意思向父母开口，怎么办呢?很多定力不好的人选择了网贷，甚至深陷其中不可自拔。

值得提醒的是，一般来讲，个人贷款借款人必须年满18周岁。所以，未成年人要特别警惕那些不正规的贷款平台。

说到底，“脑袋”控制“口袋”。脑袋空空但是欲望满满的人，常常会口袋空空、痛苦满满。

面对金钱、消费的诱惑，我们一定要管理好

自己的欲望。

谨记：有多大的能耐，办多大的事情。对于尚在人生初期的年轻人更是如此，切不可因一时冲动，毁于“网贷”。

02

误入“红包返利群”，他被骗走数千元零用钱

阿阳是一名初三学生。平时，爸爸妈妈给他的零花钱，他总是很快就花完了。这几天，他正愁没有钱花了。他的微信钱包里面虽然有两千多元，但那是他舍不得用的“大钱”，是他计划用来买名牌球鞋、滑板的“私房钱”。

正百无聊赖的时候，他突然发现手机上的聊天软件弹出一条消息：一个好友拉他进了一个“红包返利群”。

什么是“红包返利”？一头雾水的阿阳正想问问群里的好友，仔细一看群里没有人发言。原来这个群处于禁言状态，只有群管理员在不时地发布“游戏规则”：群成员只要发一定数额的红包，就能得到成倍的返利。

除了发布“游戏规则”，管理员还不断发“返利截图”，如 ×× 返利 400 元、×× 返利 1000 元等。

有这样的好事？阿阳将信将疑，不如先发个 50 元的红包试试。

于是，在管理员的引导下，阿阳通过对方发的微信收款二维码发了一个 50 元的红包。

很快，管理员又给了阿阳一个二维码，说这就是领取返利的二维码。

阿阳没想到这么快就能得到返利，毫不迟疑地点开了这个二维码。

谁知，让他惊掉下巴的事发生了：他非但没有领到钱，他的微信钱包还少了 2000 元钱。

这下他才意识到，自己被骗了！他气呼呼地给管理员发了几条消息，催对方退钱。

“刚才那是误操作，现在我把刚才误收你的钱以及你的返利，一起返还给你。你扫这个退款二维码就可以了。实在对不起！”对方的回应充满歉意。

阿阳想，这还差不多，误操作倒也是难免的。于是，他又点开了这个“退款二维码”。

阿阳没想到，对方口口声声说的“误操作”再次上演。阿阳非但没有收到一分钱退款，又被转走500元！现在，他微信钱包里只剩下5.6元了！

阿阳很生气，正要和对方理论，发现对方竟拉黑了他！

无奈之下，阿阳只得把自己的遭遇告诉了爸爸妈妈，并在爸爸妈妈的带领下向警方报了案。

低投入、高回报的事，基本都是骗局

现在有很多诈骗者通过创建QQ群或微信群进行诈骗活动。他们一般先把群设置成禁言模式，然后在群内发送“红包返利规则”，并以虚构的“成功返利截图”为诱饵，诈骗受害者。

当受害者索要返利的时候，这些骗子常常以手续费、保证金、平台限额等各种理由推托，忽悠受害者继续扫码，直到最后拉黑受害者……

此类诈骗受害者大多是中小学生，因为他们好奇心重，对“快速来钱”的诱惑很难抵挡。

我们不妨好好思考一下，为什么总有人上当受骗呢?

因为欺诈实际上是“人性的较量”，贪婪的人终会被更贪婪的人算计，“非专业”的人终会被“专业的人”算计。

受害者要么匮乏，要么盲从，要么侥幸，要么贪婪。这些都被诈骗者了解得透透彻彻，所以他们设计的骗局，特别符合人的“入坑”心理步骤。

另外，诈骗者还常利用青少年追星、打赏网络主播等精心设计骗局。

有骗子会组建所谓明星后援团，然后以各种方式诈骗未成年人。

有些青少年给网络主播打赏后，所谓“客服”会威胁他们说“未成年人打赏主播是违法的，要支付封口费”，以此诈骗。

还有一些骗子忽悠青少年“陪玩游戏能赚外

快”，行诈骗之实。有些沉迷游戏之中又头脑简单的青少年就会用家长的手机扫描所谓的“吸金二维码”。之后发生的事情就像故事中的阿阳遭遇的一样。

在这里，我想告诉大家：

第一，警惕那些所谓“低投入、高回报”的红包返利活动，100% 是骗局。

第二，务必远离网络上的陌生链接，轻易不要点开。

第三，保护好个人信息，如银行卡密码、身份证号之类的重要信息绝对不能泄露。

第四，所谓“躺赚”的职业，比如兼职刷单员、评论员等，背后基本都是骗局。

最后，我想要特别提醒的是，一旦遭遇网络诈骗，一定要在第一时间告诉父母。

高三男生寒假期间竟挥霍10 多万元压岁钱

高三学生小王，在寒假期间居然把自己卡里积攒的 10 多万元压岁钱疯狂消费一空。

这究竟是怎么回事？

小王家是典型的小康家庭。每年春节，家人都会给小王发压岁钱。十几年下来，小王竟攒了 10 多万元。

原本这些钱都在小王妈妈的银行卡里存着。小王满 18 周岁时，爸爸妈妈把这笔钱存到了小王的一张银行卡里。

高三下学期快开学时，小王妈妈偶然发现儿子穿了一双崭新的球鞋。她随口一问，得知这双鞋要 5000 多元，非常震惊！她由此多了个心眼儿，赶紧去查询儿子那张存了压岁钱的银行卡的余额，发现里面原有的10多万元压岁钱已经不复存在！

妈妈慌了，赶紧到银行打印这张卡最近几个月的流水，居然打了20页之多！很多消费都发生在过去的这个寒假，消费项目以娱乐活动和购物为主。有些消费，消费金额令人咋舌。

直到此时，小王的爸爸妈妈才对把那10多万元压岁钱存入儿子名下后悔不已。他们万万没想到，平时不怎么花钱的儿子，一旦没有了约束，竟如此大手大脚！

科学的金钱观和消费观，让你终身受益

各位同学，看了小王的故事，你有何感受？

青少年正在向成人迈进，对于外界跟自己的联系会有强烈的感觉。不少青少年十分注重自己的穿着打扮、容易沉迷虚拟网络世界、经常跟其他同龄人攀比……也就是说，大家的消费观念正处于形成的关键时期。

没有正确的金钱观、消费观的人更容易误入歧途。

那么，青少年如何树立正确的金钱观、消费观呢？

第一，为实用和舒适买单，而不是为面子买单

消费最根本的目的是满足我们的基本需求，而不是为了所谓的面子！所以，在做出任何消费行为之前，务必问问自己，这个消费行为到底是为了面子还是为了我们真正的需求？这样的消费观非常重要，甚至会影响我们一生。

第二，消费前一定要做好预算

消费前做预算，也是非常重要的消费观。打个比方，你们家每周花在食物上的预算是 2000 元，如果请你为家里购买食物，你会怎么做预算呢？

首先你可以列个清单，把家里的必需品列出来。然后，你可以算一下购买必需品要花多少钱。此外，如果还有余钱，你可以考虑买一些非必需品（比如零食等）。每一次消费前，如果都能像这样做好预算，你就会减少很多盲目消费。

PART 8

面对社会责任考验时

——提升社会担当意识

中学生砸坏路人摩托车灯，主动承认错误并赔偿

一个冬天的早晨，天气十分寒冷。初二学生小刘和其他同学陆续来到学校。但学校还没开门，于是小刘便和同学躲进了校门旁边的超市里，打算在里面避避寒。

过了一会儿，有个学生进了超市，买了一个篮球，却不会充气。热心的小刘就上前帮忙。给球充好气后，小刘以为对方肯定会打篮球，就做了个传球动作，想把篮球传给对方。小刘没想到对方并没有接球，而是突然闪开了。这样，充满气的篮球正好砸向了停在超市门口的一辆摩托车。

只听见“哐当”一声，摩托车的一个车灯被球砸碎了。

当时，路上行人稀少，没有人注意到这一切。小刘有些惊慌，同时也有些纠结：自己一周只有60元生活费，要赔一个车灯显然不够，但一走了之肯定不对。

最终，小刘决定留在原地，等待车主。然而，她一直等到学校开门，同学们都进了学校，车主也没有现身。

情急之下，小刘拿出纸和笔，写下一封道歉信。她在信中如实写道："亲爱的车主，您好！我不小心把您的车灯砸坏了，请原谅我。我是××中学的小刘。我没有太多钱，只能先付您10元修理费。如果您有什么事，可以找我。对不起，真的对不起。"

小刘把"对不起"三个字写得特别大。她在道歉信后面附了10元钱，并把它们放在了摩托车上。之后，她才离开。

故事的结局是温馨的。

摩托车车主回来取车的时候，看到了损坏的车灯，也看到了小刘的道歉信，顿时明白了事情的原委。他不但没有生气，反而感动得不知说什么好。随后他将道歉信和10元现金一起交给了学校的保安，托他转交给小刘。

第二天，小刘所在班级的班主任专门给全班同学上了一堂诚信课，并且分享了小刘的故事。

诚信是宝贵的社交财富

诚信是青少年行走社会的道德资产和宝贵的社交财富。一个诚信的人，将是一个脚踏实地、有道德底线的人。相反，一个经常失信于人的人，不仅很难获得机遇的垂青，而且可能为失信付出惨重的代价。

说到诚信，我想到一则寓言。

一个叫“诚信”的人，在海上遭遇海难，之后被困在一个荒岛上。接下来的日子里，“诚信”先后向驾船路过荒岛的“聪明”“快乐”“竞争”“名声”等人求助，但这些人怕“诚信”上船后对他们的生命安全造成威胁，都拒绝了“诚信”的求助。

当“诚信”濒临绝望的时候，“时间老人”出现了，解救了“诚信”，而且让“聪明”“快乐”“竞争”“名声”等人的船都翻在了茫茫大海。

这则寓言告诉我们：没有了诚信，聪明只会害了自己，快乐不会长久，竞争不会成功，名声不会稳固……

小刘的诚信行为值得肯定，她老老实实地承认了自己砸坏人家车灯的事实。遇到这样的事情，如果我们自作聪明地认为，没人发现，不如一走了之！那我们终究逃不开良心上的不安，不会得到真正的快乐。

康德说，诚信比一切智谋都好，而且是智谋的基础。我的理解是，从长远来看，诚实守信的人最有智慧，他们会得到真正的朋友，将获得更多成功的机会。相反，那些不讲诚信、看似暂时得了很大便宜的人，早晚会遭遇困境，甚至身败名裂。那么，青少年如何养成诚信素养，从而获得宝贵的社交财富呢?

人与人之间的信任，需要很长时间才能建立起来，而且大多是通过一些很小的事逐渐建立起来的。所以，即使面对再小的承诺，我们也要三思。如果做不到，就不要许诺；一旦承诺，就必须践行。

青少年朋友，随着你慢慢长大，你终将明白，你的诚信会指引你成为一个品格高尚、勇于担当的人，会让你在人生之路上走得更稳。

诚信是你珍贵的社会财富，也是你可持续拥有的社会竞争力。

02

少年只身从国外背回 5 大箱口罩，驰援家乡抗击疫情

2020 年初，初二学生小赵放寒假后，在印度尼西亚雅加达工作和生活的舅舅邀请他去当地度假。

然而，在雅加达没待几天，小赵突然得知，国内多地暴发新冠肺炎疫情。没过几天，一个新消息传来，他的家乡也发生了疫情，口罩基本脱销。

小赵的舅舅立即放下手头的生意，和手下的员工一起在当地大量采购医用口罩。只用两天时间，他们就采购了 2 万多只医用口罩。

口罩有了，接下来的问题是：如何把口罩运回国内呢？

航空运输费用极高，最经济的办法是有人乘坐飞机直接将口罩带回国内。

正当大家一筹莫展之际，15 岁的小赵站了出来，他向舅舅“请战”，他愿意承担这个重任。

舅舅有些迟疑，让小赵单独回国，他不太放心。小赵的妈妈也希望孩子在国外多待一段时间。

然而，小赵打定了主意。他给妈妈打电话说：“我已经是一名中学生了。在这个关键时刻，尽我所能为家乡做点事，我义不容辞。”妈妈被儿子的话打动了，尽管有些担心，但她最终还是同意了儿子的决定。

之后，妈妈帮小赵订了一张机票。

小赵知道，能多带一只口罩回去，就等于多送回一份希望。打包的时候，他和舅舅把 15000 多只口罩塞进了 5 个大行李箱。

办完托运后，小赵独自踏上了归国的航班。

下飞机后，面对 5 个大行李箱，小赵有点犯难。他鼓起勇气请求周围的乘客帮忙，才顺利出了关。

之后，这 5 大行李箱口罩很快被送到了小赵家乡最需要的地方。

从小培养自己的社会担当精神

肇始于2020年初的新冠肺炎疫情，对所有人都是一次严峻的考验。

除了“最美逆行者”——奋战在抗疫最前线的医护人员，其实我们每个人都可以做点什么。这个故事的主人公小赵虽是一名普通的中学生，但他很好地践行了自己的社会责任感。

在这个故事中，值得褒扬的还有小赵的舅舅和妈妈。他们信任孩子，同时也有很强的社会责任感。可以想象，正是因为有这样的家人，小赵才能拥有良好的品德和修养。

我们为这样的孩子点赞，也为每一位在抗疫工作中奉献自己力量的普通青少年点赞。比如，有6岁的小朋友拿出自己的压岁钱支援疫区；有高二男生连续几天坚守在抗疫一线当志愿者；有12岁的初中生跟着做志愿者的妈妈，在核酸采样现场打下手，帮忙核实居民信息；有14岁女生把零花钱拿出来购买口罩和消毒液送给志愿者；等等。

天下兴亡，匹夫有责。我们欣慰地看到，越来越多的青少年正在践行这句话。他们积极投身于社会实践，以自己的方式回报社会。他们的责任意识和担当精神值得我们学习。

—后 记—

POSTSCRIPT

各位同学，读完这本书，你是不是有一种意犹未尽的感觉？

虽然我们的“社会情商提升之旅”暂时要告一段落了，但我希望你们不要停止探索真实社会的脚步。我强烈建议，请把读到的故事和学到的工具，运用到火热的生活中，全面锻造自己和真实社会打交道的综合能力。

世界上总有阳光照不到的地方，但这并不妨碍我们热烈地拥抱这个社会。

各位同学，请珍惜美好，不惮丑恶，驾驭属于你的人生帆船，在“社会”大海上，扬帆起航，乘风破浪！

叶如风

2022 年 6 月